# リアル《REAL》×リオパラリンピック

## ～井上雄彦、熱狂のリオへ～

Takehiko Inoue, na animação da Paralimpíada Rio 2016!

# はじめに

パラリンピック車イスバスケ日本代表を見に地球の裏側へ行った。丸1日以上を費やし、メディアが盛んに危険だと報じているリオデジャネイロまで、なぜ行ったか。

ロンドン2012からの4年間、及川晋平ヘッドコーチのもと、日本代表は着実な進化を遂げてきた。その道のりの終着点を見届けたいという思いがあったからだ。

車イス、健常を問わず、日本バスケの歴史を塗り替える大会になるのではないか——そんな予感を抱えて、出発のゲートをくぐった。

井上雄彦

C O N T E N T S

シンペー
JAPANに
完全密着
!!

# 井上雄彦、熱狂のリオへ――

取材・イラスト・文／井上雄彦

２０１６年、世界最高の舞台に挑んだシンペーＪＡＰＡＮ。彼らの戦いをその目で見届けるため井上雄彦は、地球の裏側に飛んだ。死のブロックといわれた強豪揃いの中で闘い抜いたシンペーＪＡＰＡＮのもがき苦しんだ先には、何があったのか!?

熱狂のリオでの日々、そして２０２０東京への想い――。

井上雄彦が見た風景とは、いったい!?

na animação da Rio 2016!

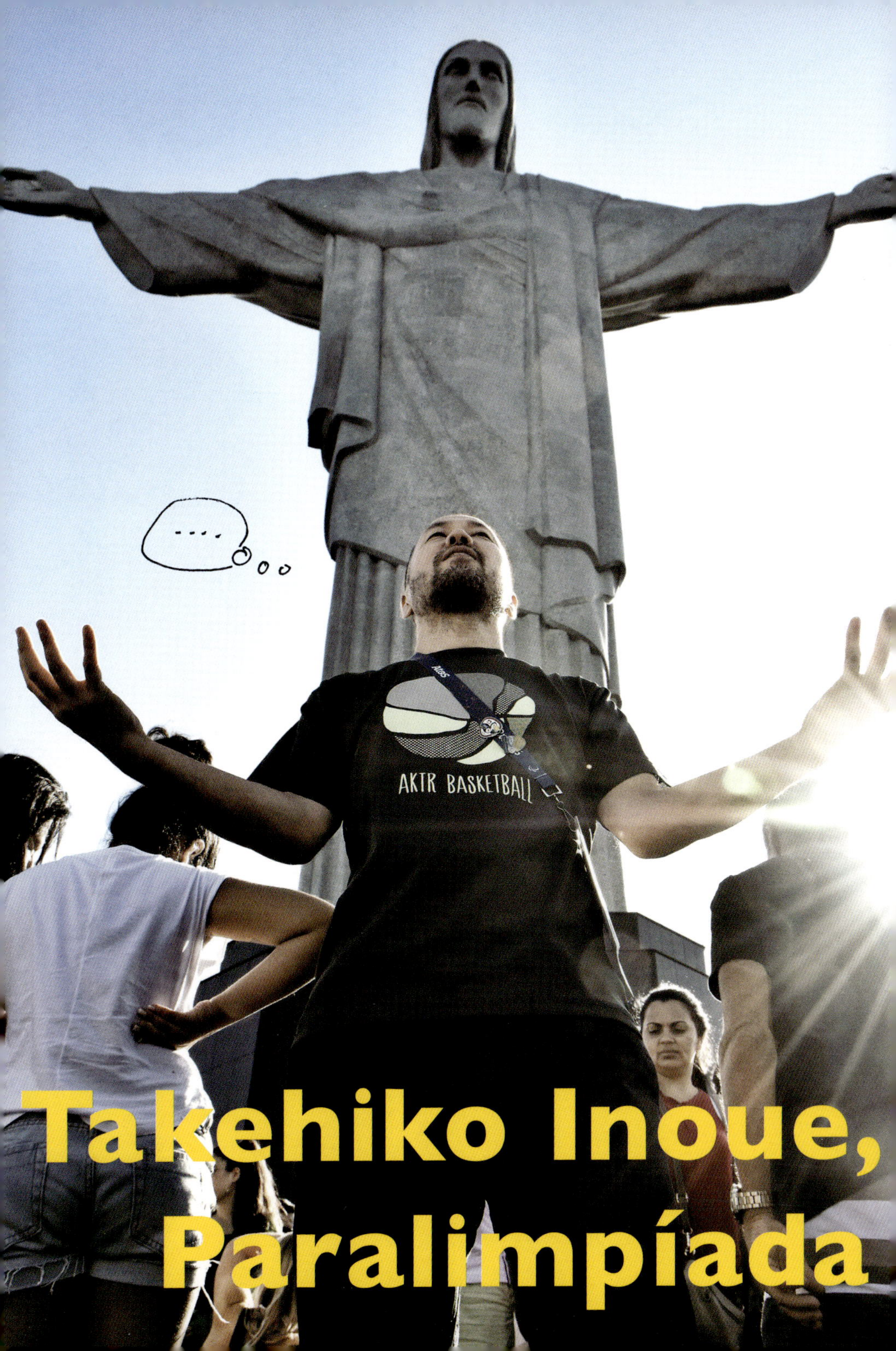


# Takehiko Inoue, Paralimpíada

## 真っ向から勝負を挑んだ日本代表 理想を掲げて勝ちにいき 現実にはね返されていく――

最終順位は9位。

車イスバスケ男子日本代表は目標に掲げた6位に手が届かなかった。

理想を掲げて真っ向から勝負を挑みさまざまな試練にさらされ、そして敗れた。

敗戦は敗戦として受け入れなくてはならない。その上でこれは未来に希望をつなぐ敗戦だった。

「負けながら勝つ」

チームが共有している言葉。

負けたとしても、したたかに自分たちのバスケットの精度を上げる機会とする。この大舞台の1試合1分1秒を無駄にせず、真剣勝負でしか得られない収穫を掴み取る。それを次の試合の勝利につなげる。言葉の意味をそう理解した。

初戦はトルコに敗れた。ヨーロッパ2位の強豪である。

日本は自分たちのゲームをうまく転がしていくことができなかった。しかし、しっかりと準備してきたことに間違いはないと言うように、

「初戦の入り方としては過去最高の着地をした」

と4回目のパラリンピック出場となる主将・藤本は胸を張った。

2戦目、前日に続きヨーロッパの強豪スペインとの対戦。前半はお互いのディフェンスが良く一進一退、3点ビハインドで折り返す。勝負の後半。スペインはフィジカルで日本を上回る。体の大きさ、強さはこちらの体力を削りとり、考える力をもじわじわと奪っていく。それとともに、日本の武器である戦略遂行の精度は落ちていき、敗れた。

過去最高レベルの準備をし試合をしている。ヨーロッパでプレーする選手も増えた。ボールも人もよく動き戦術もシュートの精度も格段に進化した。それでいて勝てない。理想を掲げて勝ちにいき、現実にはね返されている。

3戦目はオランダ戦。この対欧州強豪3連戦の中で勝利を計算するとすればここであり、準々決勝に進むには勝たなくてはならない試合だった。追い掛ける展開から一度は逆転したが、序

**Takehiko Inoue, na animação da Paralimpíada Rio 2016!**

盤の劣勢が結局は後々まで響き、痛恨の敗戦となった。ほとんどの時間を「ユニット1」と呼ばれるスターターの5人で闘い、交代で出てくる5人「ユニット5」を使う展開に持っていくことができなかった。日本の目指す12人で闘うバスケットを実行できなかったということだ。

0勝3敗の事実は重く重くのしかかった。この厳しい舞台では結果こそが栄養であり薬である。勝利という特効薬を得られないままに、この時点で準々決勝に進む望みは絶たれてしまった。自分たちのしてきたことを信じられなくなったら、チームはあっという間に空中分解のおそれがある。そんな圧力が矢継ぎ早に襲ってくるのがこの残酷なパラリンピックの勝負の世界

Takehiko Inoue, na animação da Paralimpíada Rio 2016!

なのだった。

それでも日本代表のコンセプトは固く共有されていた。

「負けながら勝つ」

「昨日より今日、今日より明日、より良くなる」

欧州勢と肩を並べ、勝ったり負けたりができるところまで来ているかに見えたが、まだもう少し隔たりがあった。いくらかのディテールがまだ残されていた。いや、もしかすると残されている隔たりとはさらに緻密に追求する方向性というよりもむしろ「遊び」のような部分なのではないか。スペイン戦で気になったのは、良いディフェンスができたときに狙えるはずのトランジションオフェンスが日本には見られず、シンプルに仕掛ける場面がほとんどなかったことだ。戦略遂行にとらわれすぎているようにも見えた。戦略が生命線とはいえ隙あらばイージーバスケットを拾っていく抜け目のなさがあってもよかった。

トレーニングでどうこうできるものでもないが経験を重ねることによって身につけることもできるであろう「遊び」「フォーカスしている所から一歩引いて見る力」のようなもの。これまでのところ日本のゲームは、正しい努力をしている一方でうまく転がっていっていない。それを「経験値」と言ってしまえば身も蓋もないが、欧州の強豪国は地理的にもお互いに交流し切磋琢磨でき、世界レベルの闘いを日常とし慣れることができる。日本はようやく練習試合を組めるようになってはきたものの日常的に世界トップを味わっているとは言えず、これからも簡単ではない。国を代表するチームとしての経験値がまだ追いついていないのは確かだ。

それとも一つ。これまた身も蓋もないが「喧嘩の強さ」みたいなものも勝敗を分ける部分ではないか。バスケットボールはゲームであり闘いである。ベストの試合運びができなくとも勝ちを拾えるかどうか。最後に1点上回れば勝ちだというシンプルな事実をいつも頭のどこかに置いているかどうか。

いずれも慣れがものを言う部分である。（選手によっては経験の浅さ、恐れ知らずが良い方に働く場合もあるかもしれない）

日本代表が世界トップを本気にさせるようになった今、まさにそこから積み上げる経験値がさらに一段上の強さを作っていくのだろう。だからこそ代表の強化には長期のビジョンに基づいた連続性、一貫性がなくてはならない。

自分たちの信じるバスケにすべてをかけて勝負したからこそ敗戦は胸をえぐられるような体験となる。その痛みに耐えてきた日本は、4戦目カナダ戦でついに会心の勝利をあげた。

5戦目となる世界王者オーストラリア戦は前半の点差がそのまま残る形で敗れた。しかし後半のパフォーマンスは日本が上回った。

9位決定戦はアジアの強豪イランを相手にこれぞ日本のバスケという試合で快勝し、ロンドン大会と同じ9位を獲得。12人が躍動した。

4回負けて、4回受け止めて、4回前を向きなおした。そして2つの会心の勝利を得た。

我が道の真ん中をいくこのチームだからこそ、全ての試練は糧となる。この6試合を経験した12人の選手と及川晋平ヘッドコーチがここをボトムラインとして成長し続け、あるいは経験したことを次の世代に伝えていく限り、我々の代表は成長の途上にある。

敗れたがその真っ直ぐさゆえに、未来に希望は引き継がれた。

構成・撮影／市川光治（光スタジオ）、撮影／名古桂士、浅原満明（X-1）、©アフロ

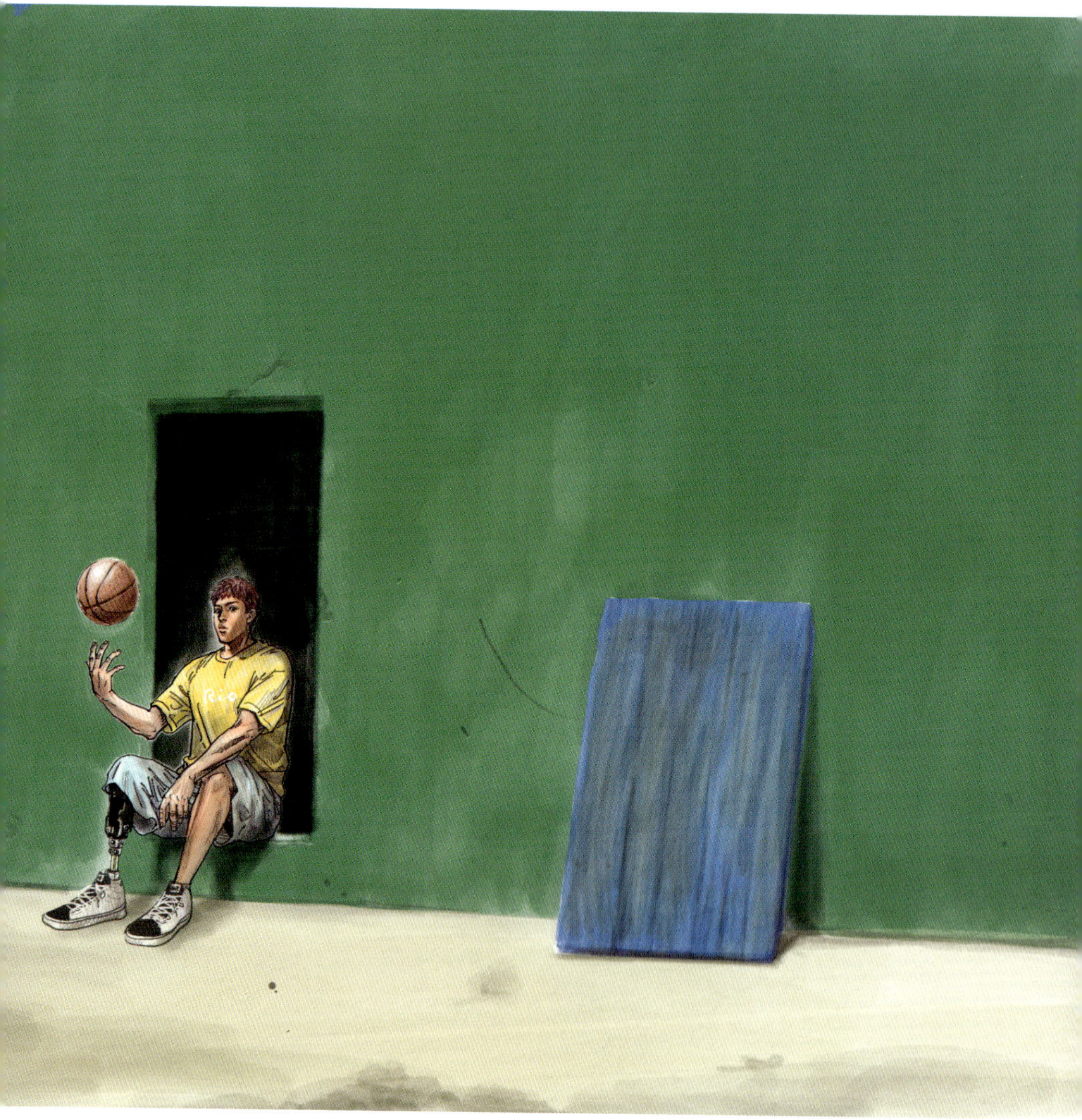
Rio

Trem do
Corcovado

**Neste ano de 2016,**
**os jogadores da "Shimpei's JAPAN"**
**encararam o duro desafio de subir ao palco máximo do esporte mundial.**
**Para testemunhar a luta desses bravos guerreiros,**
**Takehiko Inoue voou longe, para o outro lado do mundo.**
**Foram dias em meio à euforia da Rio 2016 e os pensamentos já em Tóquio 2020.**
**Quais terão sido as perspectivas enxergadas de lá,**
**pelos olhos de Takehiko Inoue? Vocês saberão...!**

EU TE AMO
SELARON
RIO DE JANEIRO

TF RIO 2016

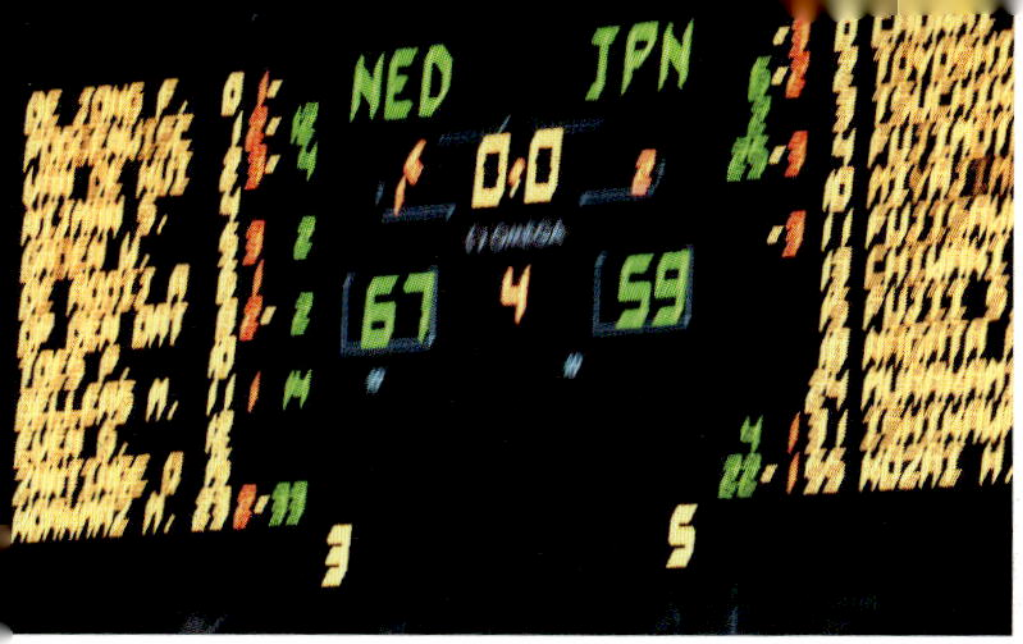
NED
JPN
0:0
67
4
59

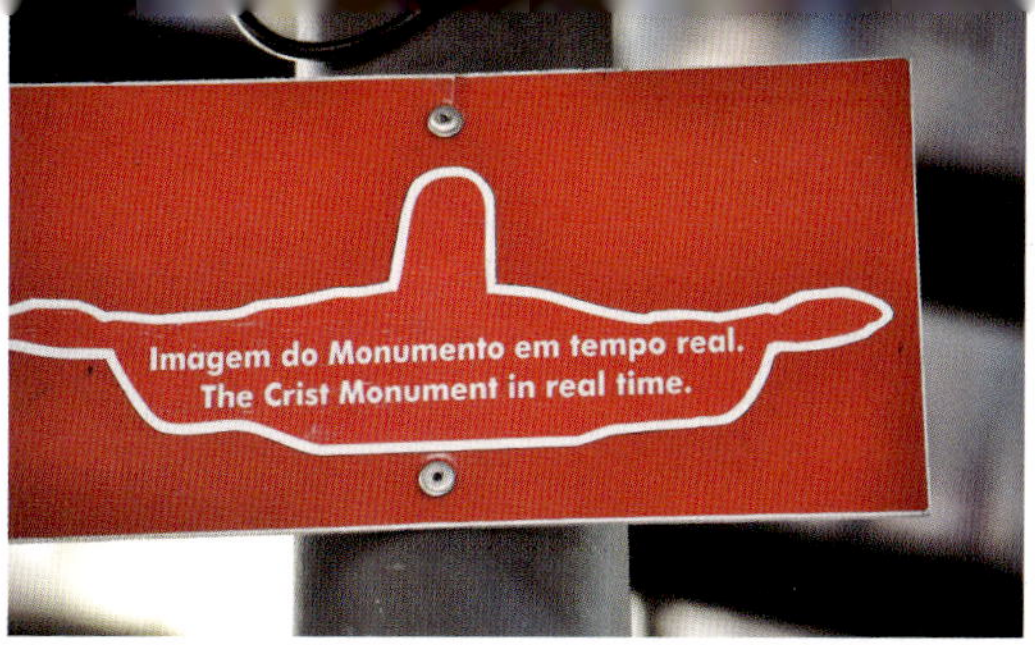
Imagem do Monumento em tempo real.
The Crist Monument in real time.

ATHLETICS

METAL

Spectator Seating
Posto Médico dos Espectadores
Spectator Medical Post

井上雄彦、渾身の全ゲームレポート!!

← NEXT

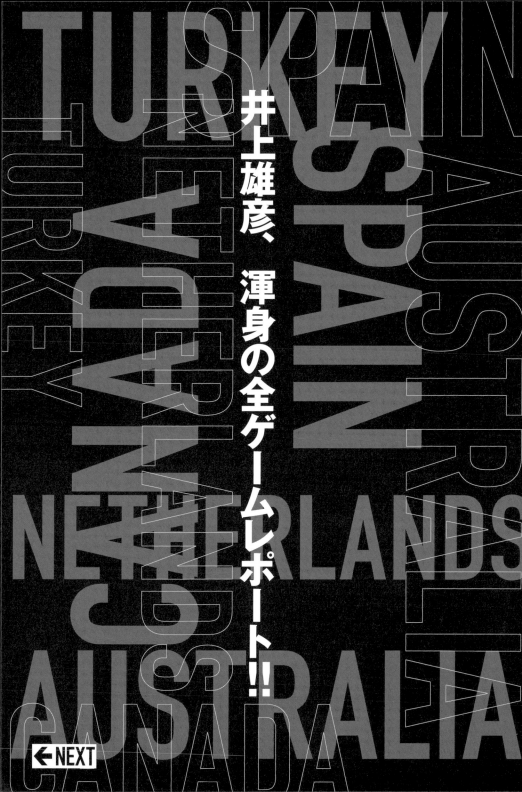

# DAY 1

## 09/08/2016
## @Carioca Arena1

［トルコ］

VS TURKEY

世界レベルでの経験を積み重ね、その経験をつなぐことがいかに大切かを改めて感じさせられた初戦だった。

　リオパラリンピック最初の相手はヨーロッパ2位の強豪トルコ。これまでに対戦経験はない。

日本はパラリンピック初出場の選手が12人中7人。4度目の藤本、藤井、3度目の香西《こうざい》、宮島、2度目の豊島をのぞく7人にとっては、試合以外のことも含めて、選手村に入ってからのすべての時間が初めての経験になる。

　会場のカリオカアリーナは、目測ではおよそ8割がたの席を大観衆が埋めている。

　これまでに見てきたどのパラリンピックでもそうだが、その反応から、これが初めての車イスバスケ観戦という人が多い印象。一つ一つのシュートやパスに新鮮な驚きの声が上がる。選手同士が激しくぶつかり転倒する、その度にわっと大きな声が上がる。

　試合が進むにつれ、文字通り会場が暖まる感じでにぎやかさは増していく。試合終了時には、「楽しませてもらったよ！」という気持ちの表現か、ただ騒ぎたいだけなのか、その両方か、うるさいくらいの大歓声がカリオカアリーナに響き渡った。

　日本は体格に優る相手に自分たちのベーシックと戦略で対抗しようとした。が、後半は精度を欠き、相手を追い詰めるには至らず最終クオーター（以下Q）につき離されて敗れた。

　49対65。

　ヨーロッパ2位のトルコであってもパラリンピックの初戦の入りは硬さを隠せない。そこにつけ込みたい日本だったが、自分たちにもまた硬さがあった。その中でやはり何度もこの舞台を経験してきている藤本、香西の両エースのたたずまいは世界レベルの選手の風格を感じさせる。前半はやることをきちんとやる落ち着いた試合運びとパス回しができ、確率の高いシュートが打てていた。

　スタートの5人と総入れ替えでコートに出てくる5人はユニット5と呼ばれる、このチームの鍵を握るユニット。2つのユニットは違った個性、違った役割を持つ。ただ経験値について言えば、スターターのユニット1とは大きな差がある。この試合でのユニット5は、効果的な働きが出来ないままに終わった。

　ユニット1の藤本は言う。

「彼らがコートに出て行く時にそれまでと同じ温度、同じトーンでしっかりとプレイできるように、

引き継ぐ時にしっかり背中を押してあげるのも自分たち経験を積んだ者の仕事」

初戦はトルコに敗れた。日本は自分たちのゲームをうまく転がしていくことができなかった。

しかし、しっかりと準備をしてきたことに間違いはないと言うように、「初戦の入り方としては過去最高の着地をした」と藤本は胸を張った。

明日は今日と同じく体格差のあるスペイン戦。

※ユニット1（2豊島、4藤本、13千脇、15藤井、55香西＋31石川）
※ユニット5（3土子、10宮島、11藤澤、18永田、0鳥海＋24村上）
※いくつかのバリエーションあり

# DAY2

09/09/2016
@Carioca Arena1

## VS SPAIN ［スペイン］

「負けながら勝ち上がるんです」

コーチも選手もそう口をそろえる。このチームのコンセプトだ。

「意味分かりますか？」

外部の者へのそんな謎かけは、チームの中でこのコンセプトが強く共有されていることをうかがわせる。結束は固い。

初戦に続いてヨーロッパの強豪との勝負。当然のようにフィジカルではスペインが上なので日本は戦略で対抗する。どこまで精度高く、準備してきた戦略を遂行できるかが勝負になる。つまりは目の前のことに一喜一憂せず、淡々と冷静にやるべきことをやれるかどうか。それがわれわれの代表の姿勢である。車イスバスケに限らないが、日本人にとってのより良い闘い方とは何かを考えた時に、「緻密な戦略の遂行、その精度で勝負」というのは解の一つであるように思う。

　両チームのディフェンスが良く、お互いやりたいオフェンスをやらせてもらえない展開で前半を終える。日本23対スペイン26。気になるのは日本のオフェンスのほとんどがハーフコートオフェンス（遅攻）になっていることだ。速い攻めが出ない。形にこだわりすぎているのかもしれない。

　ところで、この会場に来ている人たちのほとんどすべては、一生に一度の体験として、パラリンピックゲームを生で体験しているのだな。４年後の東京でも、一度きりの体験をできる限り楽しんでもらえたらいいな。音楽にのって踊る人々を見て、ふとそう思った。

　後半に入って日本にとっては重たい時間帯が続いた。逆にスペインに16-0のランを許す。得点源の２人、藤本にはなかなかボールが入らなくなり、シュート機会が減っている。香西が個人技で打開を試みる場面もあるがなかなか得点に結びつかない。

　千脇《ちわき》の得点、リバウンドなどで何とかつなぐが、日本は再び試合の流れを持ってくることができず、重苦しい展開のままタイムアップのブザーを聞く。39対55で敗れた。

　相手のフィジカル、体の大きさはこちらの体力を削りとり、考える力をも奪っていく。それとともに、日本の武器である戦略遂行の精度は落ちていった。

　希望はあった。先発５人に代わってコートに出てくるユニット５は、短い時間ではあったが昨日のトルコ戦よりもよかった。何よりチームのディフェンスは良く機能しており、相手のやりたいようにはやらせなかった。

　ただ、良いディフェンスができたときに狙えるはずのトランジション（速攻）が日本には見られず、シンプルに仕掛ける場面がほとんどなかった。戦略遂行にとらわれすぎているようにも見えた。

　健常であれ車イスであれバスケは１点でも多く得点した方が勝ち、というゲームであり、相手ディフェンスがいない、または少ないところで点をとってしまうのが一番簡単。その上で、当然相手もそうはさせてくれないからセットオフェンスが必要になる。そういう順番だ。ハーフコートの５対５のオフェンスでは相手のフィジカルの強みが効いてくるため、日本の消耗は避けられない。

　世界最高峰のパラリンピックの舞台では、日本がフィジカルで優位に立てる試合はこの先もない。だからこそ、ゲームの緩急をつける意味でもユニット１の消耗を抑える意味でも、ユニット5の躍動が日本代表の鍵を握っている。

この大舞台の1試合1試合を無駄にせず、真剣勝負に負けたとしてもそこでしか得られない収穫を掴み取る。したたかに自分たちのバスケットの精度を上げる機会とする。それを次の試合の勝利につなげる。

「負けながら勝ち上がる」の意味を私はそういう風に受け取った。

明日はオランダ戦。

「勝ち上がる」ために勝利が必要な一戦である。

# DAY3

09/10/2016
@Olympic Arena

[オランダ]

# VS. NETHERLANDS

「淡々と冷静に自分たちのやるべきことをやる」

日本代表は準備してきたことをしっかりとパフォーマンスするために、こういうメンタルで臨んでいる。少年漫画にはなりにくそうな姿勢だ。一般的には、試合前のロッカールームで沸騰しそうなほど感情を高め、大声を出し、血走った目でコートに出てくるようなのが漫画にしやすいのだが、そういうのとは正反対である。

ただ、今日のオランダ戦のような must win の試合では、「闘う」姿勢が勝敗を決めることはないだろうか。相手を突き落とさなければ自分たちが奈落に落ちる。そのような考えはこの漫画家アタマが勝手にひねり出す幻想だろうか。ついでに言えば、理想は炎のような闘う姿勢と氷のように怜悧なメンタルの両立か。

ところで、昨日のカリオカアリーナといい今日のオリンピックアリーナといい、私たちの使うメディア入口へのアクセスが、分かりにくいったらない。どうなってんだ。随分と歩いて、席に着いたのは試合の時間ギリギリになってしまった。ブラジルの人たちの人当たりの良いことに救われている。

試合開始。立ち上がりが良くない。メディア席はだいぶ上の方なので、正直なところコート上の温度まで感じるのは難しい。だが、日本の立ち上がりは「淡々と冷静に」というよりもむしろ、エナジーレベルが低いように見えた。その間オランダは23番と11番が80％（！）の高確率で得点を重ねていく。第1Q残り2分43秒、16-6とオランダがリードを10点に広げたところで及川ヘッドコーチ（以下ＨＣ）はタイムアウトを要求。

この時間帯の自分のメモを見ると、「U-5（ユニット5）を入れたらどうか？」と走り書きがある。

試合を振り返れば、ユニット5を投入できるとしたらここだけだっただろうか。ただそれは、スターターのユニット1が良い流れをつくってユニット5を送り出すという本来の形とは逆の、相手の流れを打開する目的の交代である。相手優位の試合を軽く壊すつもりがかえって自分たちにとって取り返しのつかないほど壊れたら。この時間帯この点差では、できない賭けだったのかもしれない。

第2Q、藤本のシュートタッチがこれまでで一番良く、得点を重ねていく。日本は徐々に追い上げの態勢を整えつつある。石川が入り、ディフェンスが活性化されてきた。オランダは難しいシュートが増える。香西がゲームを作る。自分から仕掛けてファウルをもらい、フリースローで加点。3点差。ついに流れを日本にたぐり寄せた。

感情に流されず冷静に、我慢して我慢して追いついた。淡々と冷静に追いついた。チームコンセプトが実を結んだ時間帯だ。あえてユニット1だけで前半をやり通して追いついたことも、及川ＨＣが展開を的確に読み切っている結果と言えよう。

ただし試合はまだ半分が残っている。勝負はこの後である。いつユニット5を入れるか。入れない選択肢があるならユニット1のスタミナはどうか。勝敗を分けるポイントはそこにあった。

第3Q、勢いそのままに主導権は日本が掴んだ。ディフェンスに躍動感が出て、香西のシュートで逆転。この試合の、この大会の転換点を迎えたかに見えた時間だった。2つの苦しい敗戦のあと、ここから思い描いた角度で上昇していくのだと。

その願いは叶わなかった。

ムスタファの3連続ゴールでオランダが逆転する。藤本、豊島のゴールで再び1点リードした第3Q終盤に、日本は2つのターンオーバーを犯して4点を献上してしまう。疲労がユニット1を蝕み始めていた。

第4Qのスタートはここまで出番のなかったユニット5。しかしこの交代は、ユニット1を少しだけ休ませる以上の意味を持ち得なかった。ユニット5最大の持ち味は躍動感のあるディフェンスにある。そのディフェンスがオランダに効いていないと見た及川HCは、1分後には再びユニット1をコートに送り出すことになった。

前半だけで21点をあげていた藤本の手に、後半はボールのない時間が長く続いた。2ゴール4点の後半について、4大会連続パラ出場の主将はこう言った。

「怒鳴り散らしてでもパスを要求するべきだった」

チームのために、エースたる自分のエゴが必要な場面だったのだ。

オランダは、勝負所でルーズボールのハッスルプレイが出て、速攻に走った。この日大当たりのムスタファが4連続ゴールを上げて一気に9点差をつけ、勝利をものにした。

勝敗を分ける最大のポイントは、実は試合の立ち上がりにあったのではないか。

ふわっとした（そう見えた）立ち上がりに負ったビハインドが、早い段階でユニット5を使うタイミングを失わせ、出ずっぱりのユニット1のスタミナを削り取った。日本の打つ手を常に一つずつ遅らせた。

また、33得点で日本に決定的なダメージを与えたオランダのムスタファの評価は好不調の波のある選手というもので、この日は絶好調だったことになる。だが、たまたまだろうか。シューターは立ち上がりにいい感じでシュートを決めた試合は乗っていけるものだ。乗せてはいけない選手を乗せてしまった。

勝負の分かれ目は試合開始直後にすでにあったのだ。

# DAY4

## 09/11/2016
## @Olympic Arena

［カナダ］

VS CANADA

「こんなはずじゃなかった」時にどうするのか。

主将藤本怜《れ》央《お》の頭の中には、2004年アテネパラリンピックでの初舞台からこれまでに積み重ねてきた経験の中で得た答えが、状況別にしまってある。

いずれも強豪相手とはいえ、0勝3敗。予選を2試合残した時点で決勝トーナメント進出の可能性は消えてしまった。獲得できる最高位は9位。それ以上はもう得られない。大会前、日本代表は過去最高の6位を現実的な目標に設定していた。実際には選手たちの本心はさらに上、メダル獲得こそが目標だったはずだ。

「こんなはずじゃなかった」

その状況で藤本の取り出した答えは、口を開くことなくただ、「明日の準備をするのみ」だった。

午前6時、香西宏昭はふと目を覚ましてしまった。昨夜遅くの試合が終わり選手村に戻る頃にはもう日付が変わっていた。連戦で疲弊している体はもう少し寝ていないといけない。このリオパラリンピックは香西にとって「悔しくて悔しくて仕方ない大会」。

寝ようとしたら、急に泣けてきた。どうしようもない悔しさが、まだ明けきらない朝にあふれた。

藤本とともに日本の二枚看板としてエースの責を担う香西は、トルコ戦、スペイン戦は自分のシュートの判断ミスから負けたのではないかと思わずにはいられなかった。

ボールを動かし、相手ディフェンスを動かして、フリーになる藤本に、豊島に、藤井にとパスを供給する。チーム全体を動かす立場にいるのが香西だ。これまでの試合、ボールは良く回っていた。しかし一方で及川HCにはこう指摘された。「(自分の)フィニッシュのフォーカスがぶれていないか?」と。チーム全体を考えている頭のまま、フォーカスできないままに打ったシュートが何本もあったのではないか。確かにそうかもしれない。

「そんな立場でシュートを決め続けるのがいかに難しいかは分かってる。でも、今までの負けを、成

長に変えるには、そこだよねと、カナダ戦の前に（及川）晋平さんに言われました」

ゲーム全体を動かしながら、自分のシュートにもしっかりとフォーカスするという課題。それを果たせた時に、「エース」という形が見えてくるのだろう。

オリンピックアリーナ、午後9時。ロンドンパラリンピック王者であるカナダとの対戦は、日本が先手を取った。相手のトランジションの隙をついて速い攻めが出る。これまでになかなか見られなかった形。

カナダのベンチには名将マイク・フログリーがいる。及川HCにとっての師匠と言える人。及川らが「Jキャンプ」という車イスバスケのキャンプを主宰して10年になる。（私もその初年度に初心者プレイヤーとして一部参加させてもらった）「Jキャンプ」は及川がフログリーコーチから学んだことを日本に還元する場であり、それはまた、日本代表のバスケットにおいてもベースとなっている。日本にとっては言わば恩師との対戦であった。世代交代期に入ったカナダに日本は一度もリードを許すことなく、76-45の会心のゲームで恩返しを果たすことができた。

ユニット1がいい流れを作り、違う個性を持つユニット5がその流れを受け継ぐ。これまでの試合は不本意な出来だったがチームの誰もが「こんなもんじゃない」とその力を信じて疑わなかったユニット5。宮島が全体を見通してアシストを重ねる。土子が14得点の爆発。そして全員が連動して躍動するディフェンスでこのユニットらしさを表現し、その間ユニット1は十分な休息が得られた。

試合順の運不運を言っても仕方ないが、こういう試合が大会の初めの方で組まれていたら流れは違ったのではないか…と思ってしまう。

試合後に藤本はフログリーコーチへの感謝を口にした。

「マイクがすべてオープンにして教えてくれたからこそ、日本がこうしていいバスケ、日本らしいバスケを表現できるようになった。貴方が晋平さんに伝えてくれたことを僕たちがこの場で表現したかった。それができて良かった」

会心の試合をした選手に何を伝えるかと聞かれて、一呼吸置いた及川HCの答えはこうだった。

「寝て、ごはん食べて、リカバリーするように。以上」

世界王者オーストラリアに挑む準備はできている。

# DAY5

09/12/2016
@Carioca Arena1

## VS AUSTRALIA

［オーストラリア］

試合前に両国の国歌の斉唱がある。このリオの地で毎日『君が代』を聞くたびに、しんと心が静まり幸せな気持ちになる。しかし5日で5試合目を闘う選手たちの消耗はいかほどか。パラリンピックは様々な形で強さが試される場所である。

私のいる記者席は上から見下ろす形になる。そこからでも分かる体格差。世界王者オーストラリアは開始早々ラフプレイまがいの圧力をかけてくる。激しく来る相手に気持ちが下がっては相手の思うツボ。開始5分でユニット5を投入。昨晩、目の覚めるような働きを見せたユニットだ。しかしここではディフェンス、オフェンスともリズムをつかむことができず、2分足らずで再びユニット1へ。

第1Qのフィールドゴールは豪州7/13に対し日本は2/11。高さと重さへの答えを見つけ出せるか。ユニット1と5をいかに使い分け、12人全員のバスケットができるか。ゲームを自分たちのリズムで転がしていけるか。これはこの試合だけでなく、これからの日本代表が背負い続ける課題となるだろう。チームとして克服するには時間のかかる課題だ。大舞台で強豪国との真剣勝負を何度も闘い、はね返され、痛めつけられる中で一つ一つ強さを身につけていくしかないのだろう。

第2Qからはユニットにこだわらない交代でゲーム展開を作っていこうとする日本。これは今大会では見られなかった形。早め早めに交代の手を打っていくが、点差を縮めることはできず、逆にじわじわと開いていく。

第3Qの始まりは何となくスタートしてしまったか、ややエアポケットのような印象を受ける時間帯になった。8-0のランを許して点差は決定的とも言える22点まで開いた。ここまでか、このまま大敗するのか。

打開すべくユニット5を投入。第3Q残り6分23秒。ここからようやく日本は躍動し始める。ローポインターの永田、鳥海《ちょうかい》、藤澤が得点を重ねていくというユニット5の理想の形を、この大舞台、この強いオーストラリア相手に披露している。

ユニット5の宮島に、出場時間が限られた最初の3試合について聞くと、「準備はしていた。出たい気持ちはあったが、ここぞの時はユニット1というのも理解している。切れずに今日まで（気持ちを）持ってこれたことが良かった」そう振り返った。

「個人としてというより、ユニット5というチームとしての役割を与えられている。その中でアシスト、ボールコントロールという役割を意識してできたのは、自分でも成長したと感じる」

後半は互角以上の闘いにオーストラリアを引きずり込んだ日本代表。特に第4Qは25―19のスコアで日本が上回った。最終スコアは日本55―68オーストラリア。

結果としての勝敗に一喜一憂せずにそのまま受け入れ、負けを糧として次につなげ、この貴重な機会を無駄にすることなく成長を続けるというチームの約束事は反故にされることはなかった。

その成果としてカナダ戦の勝利があった。オーストラリア戦の後半もそうと言えるだろう。日本は12人全員で闘うバスケットを見せてくれた。(帰国してからネットでライブ中継を見た)9位決定戦のイラン戦を含め、これぞ日本と言える会心の勝利だった。

目標の6位には届かなかった。反省すべき点はまだまだ多い。個の力も足りていない。しかしこの大会までの継続した準備が確かに身を結んでいることは間違いない。これまでどこか漠然としていた日本と世界トップとの距離がはっきりと形をもって現れた。手が届くかと思われたその隔たりには、まだいくつかのディテールがあった。近くまで来たからこそ具体的に自分たちには何が足りなくて、どこに強みがあるのかが見えたはずだ。

世界トップとの距離は遠く、そして遠くない。そもそもが険しい道である。

かつて健常バスケの日本代表は2006年世界選手権までの継続した強化をジェリコ・パブリセビッチHCのもとで行ったが、目標順位に達しないと見るや、その強化体制をバッサリと終わらせてしまった。その後の低迷、FIBAによる制裁を受けるまでに至る道を私たちは見てきている。

車イスバスケ日本代表には徹底して共有したコンセプトがあった。負けながら、勝ちをつかむ。昨日より今日、今日より明日、より良くなる。それはリオパラリンピックが終わったこれからもつながっている一本の線にしなくてはならない。

今回のパラリンピックは、地上波中継やネット中継の充実により、初観戦した人の数を最も増やした大会だったのではないか。初めて車イスバスケを見た、すごい、面白いと言う声を私自身もたくさん聞いた。

この道を途切れさせることなく歩き続けてもらいたいと願っているのは私だけではないはずだ。

# シンペーJAPAN
# MATCH RESULT
## 9/8 ▸ 9/15

### GAME 1 vs トルコ　DAY 9/8

初戦のトルコは昨年の世界選手権3位という強豪国。シンペーJAPANは第1Qの入りかたもよく、粘り強く闘ったものの、最終Qで疲れもあり、相手の高さに突き放されて49対65で敗れてしまった。

**RESULT**
●日本　49 － 65　トルコ○

### GAME 2 vs スペイン　DAY 9/9

欧州の強豪・スペインを相手に第1Qは11対8と上々のスタート。特にDFは世界にも通用することを証明した。しかし相手DFも手《て》強《ごわ》くシュート確率も30％で最終的に39得点とロースコアに終わった。

**RESULT**
●日本　39 － 55　スペイン○

### GAME 3 vs オランダ　DAY 9/10

第3戦は、まさに正念場。選手たちも気合十分だったが、立ち上がりから相手エースにいいように得点される。それでもじわじわと追い上げ、第3Qで逆転。初勝利も見えてきたが、最終Qに力尽きてしまった。

**RESULT**
●日本　59 － 67　オランダ○

## GAME 5 vs オーストラリア DAY 9/12

予選L最終戦は、世界王者・豪州との闘いだ。第1Qから絶対的な高さで圧倒されるも、日本は高さの不利を戦術や、スピードで補い、後半は互角以上の闘いを見せ、王者もタジタジの場面を何度も作っていた。

**RESULT**

●日本 55 － 68 オーストラリア ○

## GAME 4 vs カナダ DAY 9/11

1次リーグ敗退が決まったシンペーJAPAN。この日は全員バスケをしっかりと実践。課題だったユニット5も機能し、第1Qからエンジン全開。ロンドンパラ金メダル国であるカナダ相手に堂々完勝の初勝利!

**RESULT**

○日本 76 － 45 カナダ ●

## GAME 6 vs イラン DAY 9/15

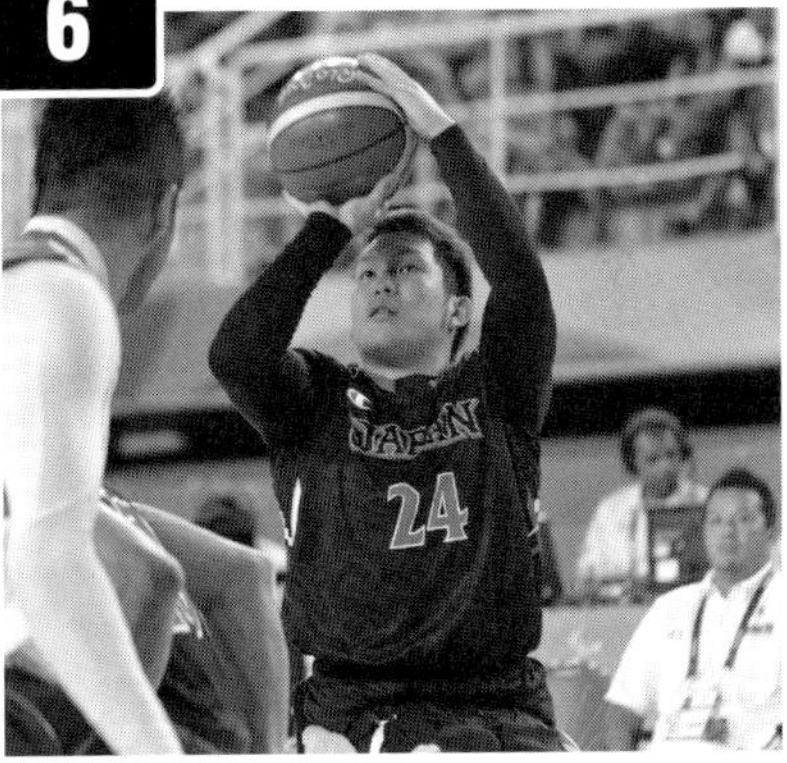

世界トップクラスの高さを誇るイランに、真正面からぶつかった。必死のDFでしのぎながら少しずつ点差を開くという狙い通りの試合運びで65-52で完勝し、9位を死守。2020年東京へ繋がる勝利となった。

**RESULT**

○日本 65 － 52 イラン ●

初めて観たパラリンピックは２０００年のシドニーだった。
あらゆるものに感嘆しっぱなしだったが、日本代表に対しては、
気持ちが入るにつれて要求も上がっていくのは当然だ。
上位国との差で誰の目にも明らかだったのはフィニッシュ力。
日本はイージーショットのミスが目立つ。
この頃シュートの成功率には歴然とした彼我の差があった。
あれから２００４年アテネ、２００８年北京（現地観戦できず）、
２０１２年ロンドン、そして２０１６年リオと、５度のパラリンピックを数え、
日本のシュートの成功率は見劣りしないところまで進歩を遂げた。
フリースロー成功率は大会途中まで全出場国中のトップだった。
ところで、それぞれの大会で私の記した拙い観戦記を振り返ると、
どの大会も抱く感想が似通っていて驚く。
無論表現力の乏しさはあるが、それだけではないだろう。
例えば「ゲームの入りまたはハーフタイム後の第３Ｑ頭、
相手の迫力に押される格好で点差をつけられてしまう」とか、
「１人に走られてロングパスによる速攻（トランジション）で
イージーな失点を許す場面が目立つ」などがそうだ。
それらは今大会でも同じように感じられたから、進歩がないと見ることもできる。

通算2勝4敗の9位というのもこれまでと変わらない数字だ。

だが、日本を発つ前に抱いた私の予感は、今も消えることなく続いている。

それは「車イスバスケ男子日本代表が、
日本バスケの誰も行けなかった地点に到達する」というものだ。

蒔いた種が芽を出し、丈を伸ばし、実を結ぶのにどれくらいの
時間がかかるものなのか、それを誰も知らなかった。

1人の人間の時間の尺度と、チームという大きな生き物の時間の尺度は違う。

まして日本の車イスバスケというスポーツ文化の成熟にかかる時間は誰にも分からない。

私たちにできるのは正しい努力を続け、次の世代へと引き継ぐことだけ。

正しい努力を続けることにおいて、しっかりとやれることをこのチームは示した。

2020年の東京が収穫の季節になるのかどうかは分からない。
ただそんな幸福にあずかることを祈りながら、
車イスバスケ日本代表を見守りたいと思う。

井上雄彦

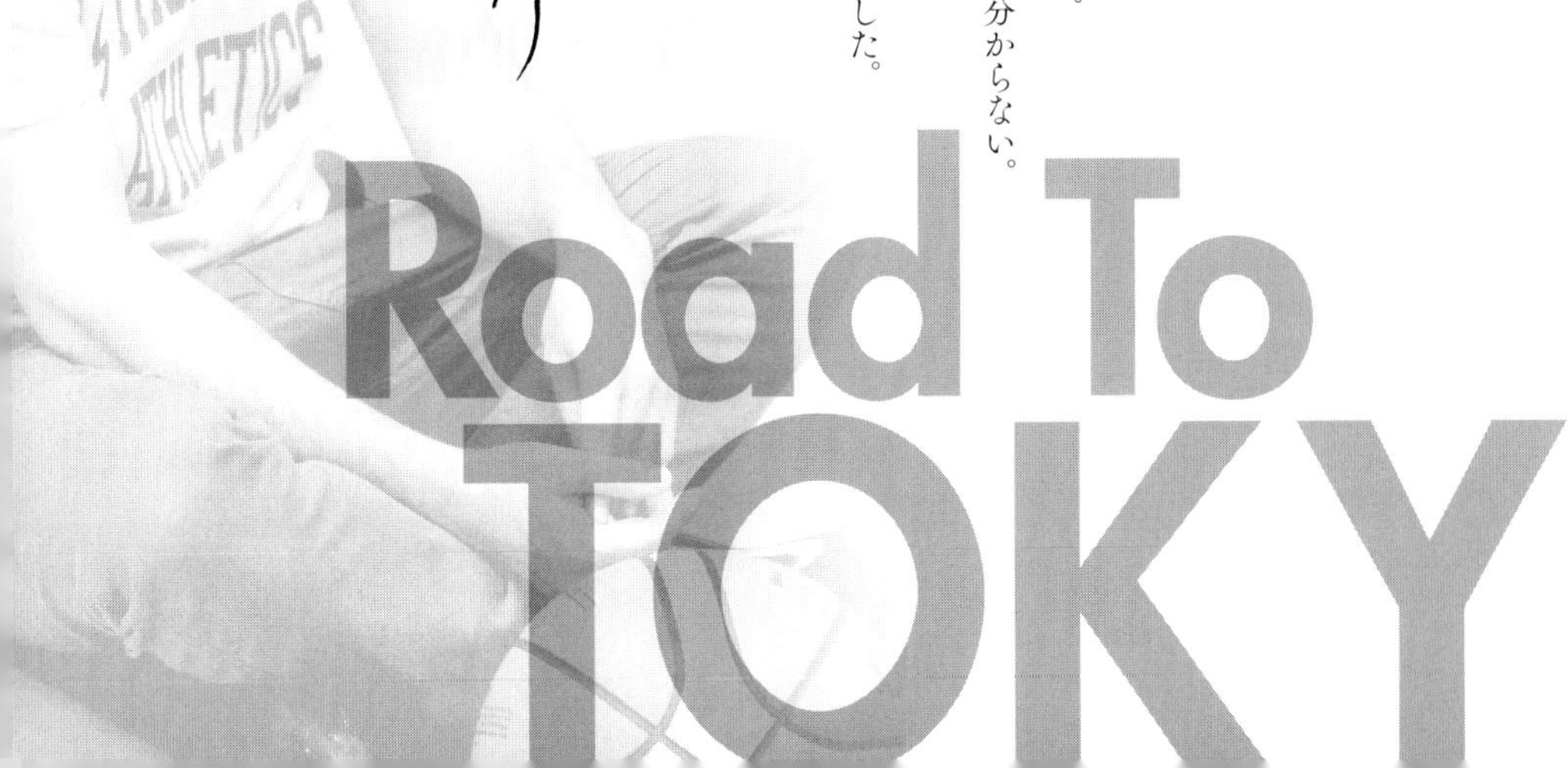

REAL × RIO コラム column❶

リオパラリンピック 2016
男子車イスバスケットボール

# 完全総括！

# アメリカ新王者に！ 欧州勢力も躍進！

男子車イスバスケットボールは、予選リーグからクロスゲームが続き大混戦。日本が入ったグループＡは、上位3チームが4勝1敗で並び、当該チーム同士の得失点差で、スペインが1位、トルコが2位、オーストラリアが3位。グループＢは無傷のアメリカと1敗のイギリスが予想通り予選突破を決めたが、3位以下が激戦。こちらも得失点差で3位ブラジル、4位ドイツが決勝トーナメントへ勝ち上がり、イランが涙をのむ結果となった。

世界選手権王者のオーストラリアが6位、9位日本、10位イランと精彩を欠いたアジアオセアニア勢に対し、躍進を見せたのはヨーロッパ勢。5チームすべてが決勝トーナメントに進み、ベスト4にも3チームが残った。イギリスとトルコの3位決定戦はこの大会のベストゲームで、オーバータイムを制したイギリスが銅メダルを獲得した。

決勝は危なげなく勝ち進んだアメリカと接戦を勝ち上がったスペイン。アメリカはスペインの高さをものともせず、終始リードを奪って完勝。アメリカが女子とのアベック優勝で、7大会ぶりの王座に返り咲いた。

今大会では2004年アテネから3大会連続で決勝を戦ったカナダとオーストラリアが下位に沈み、総合力の高さを見せつけたアメリカとフィジカルに優れたヨーロッパ勢が浮上。世界の勢力図が大きく塗り変わった。

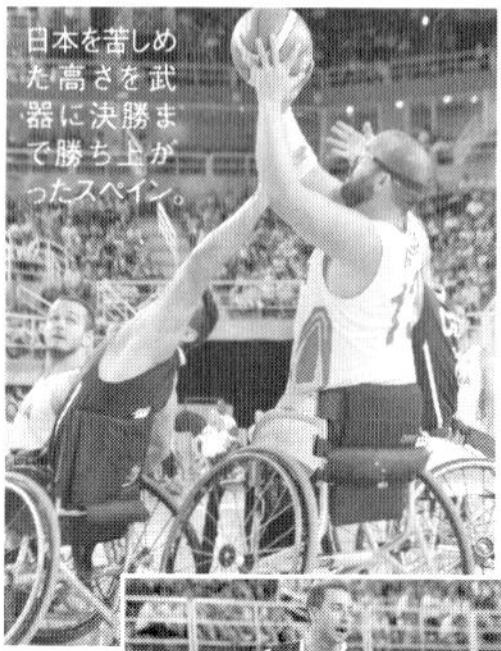

日本を苦しめた高さを武器に決勝まで勝ち上がったスペイン。

攻守でアメリカを引っ張った、11番スティーブ・セリオ。

予選グループA

| 順位 | | スペイン | トルコ | オーストラリア | オランダ | 日本 | カナダ | 勝敗 | 勝点 | 得点 | 失点 | 得失点 |
|---|---|---|---|---|---|---|---|---|---|---|---|---|
| 1 | スペイン | | ●65 - 68 | ○75 - 64 | ○66 - 48 | ○55 - 39 | ○80 - 46 | 4勝1敗 | 9 | 341 | 265 | 76 |
| 2 | トルコ | ○68 - 65 | | ●60 - 62 | ○67 - 50 | ○65 - 49 | ○67 - 46 | 4勝1敗 | 9 | 327 | 272 | 55 |
| 3 | オーストラリア | ●64 - 75 | ○62 - 60 | | ○70 - 50 | ○68 - 55 | ○78 - 53 | 4勝1敗 | 9 | 342 | 293 | 49 |
| 4 | オランダ | ●48 - 66 | ●50 - 67 | ●50 - 70 | | ○67 - 59 | ○49 - 32 | 2勝3敗 | 7 | 264 | 294 | -30 |
| 5 | 日本 | ●39 - 55 | ●49 - 65 | ●55 - 68 | ●59 - 67 | | ○76 - 45 | 1勝4敗 | 6 | 278 | 300 | -22 |
| 6 | カナダ | ●46 - 80 | ●46 - 67 | ●53 - 78 | ●32 - 49 | ●45 - 76 | | 0勝5敗 | 5 | 222 | 350 | -128 |

予選グループB

| 順位 | | アメリカ | イギリス | ブラジル | ドイツ | イラン | アルジェリア | 勝敗 | 勝点 | 得点 | 失点 | 得失点 |
|---|---|---|---|---|---|---|---|---|---|---|---|---|
| 1 | アメリカ | | ○65 - 48 | ○75 - 38 | ○77 - 52 | ○93 - 44 | ○92 - 24 | 5勝0敗 | 10 | 402 | 206 | 196 |
| 2 | イギリス | ●48 - 65 | | ○73 - 55 | ○66 - 52 | ○84 - 60 | ○93 - 31 | 4勝1敗 | 9 | 364 | 263 | 101 |
| 3 | ブラジル | ●38 - 75 | ●55 - 73 | | ●61 - 73 | ○73 - 50 | ○82 - 43 | 2勝3敗 | 7 | 309 | 314 | -5 |
| 4 | ドイツ | ●52 - 77 | ●52 - 66 | ○73 - 61 | | ●63 - 69 | ○97 - 41 | 2勝3敗 | 7 | 337 | 314 | 23 |
| 5 | イラン | ●44 - 93 | ●60 - 84 | ●50 - 73 | ○69 - 63 | | ○72 - 48 | 2勝3敗 | 7 | 295 | 361 | -66 |
| 6 | アルジェリア | ●24 - 92 | ●31 - 93 | ●43 - 82 | ●41 - 97 | ●48 - 72 | | 0勝5敗 | 5 | 187 | 436 | -249 |

順位決定戦

| | | | |
|---|---|---|---|
| 3位決定戦 | イギリス | ○82 - 76● | トルコ |
| 5 - 6位決定戦 | ブラジル | ○70 - 69● | オーストラリア |
| 7 - 8位決定戦 | オランダ | ○61 - 50● | ドイツ |
| 9 - 10位決定戦 | 日本 | ○65 - 52● | イラン |
| 11 - 12位決定戦 | カナダ | ○70 - 51● | アルジェリア |

リオパラリンピック最終順位

| | |
|---|---|
| 金メダル …… アメリカ | 7位 ……… オランダ |
| 銀メダル …… スペイン | 8位 ………… ドイツ |
| 銅メダル …… イギリス | 9位 ………… 日本 |
| 4位 ……………トルコ | 10位 ……… イラン |
| 5位 ……… ブラジル | 11位 ……… カナダ |
| 6位 … オーストラリア | 12位 … アルジェリア |

決勝トーナメント

スペイン ○70 - 66 ドイツ
イギリス ○74 - 51 オーストラリア
スペイン ○69 - 63 イギリス
トルコ ○65 - 49 ブラジル
アメリカ ○70 - 37 オランダ
トルコ 54 - ○74 アメリカ
決勝：スペイン 52 - ○68 アメリカ

優勝
金メダル
アメリカ

NEXT!!
REAL×TALK

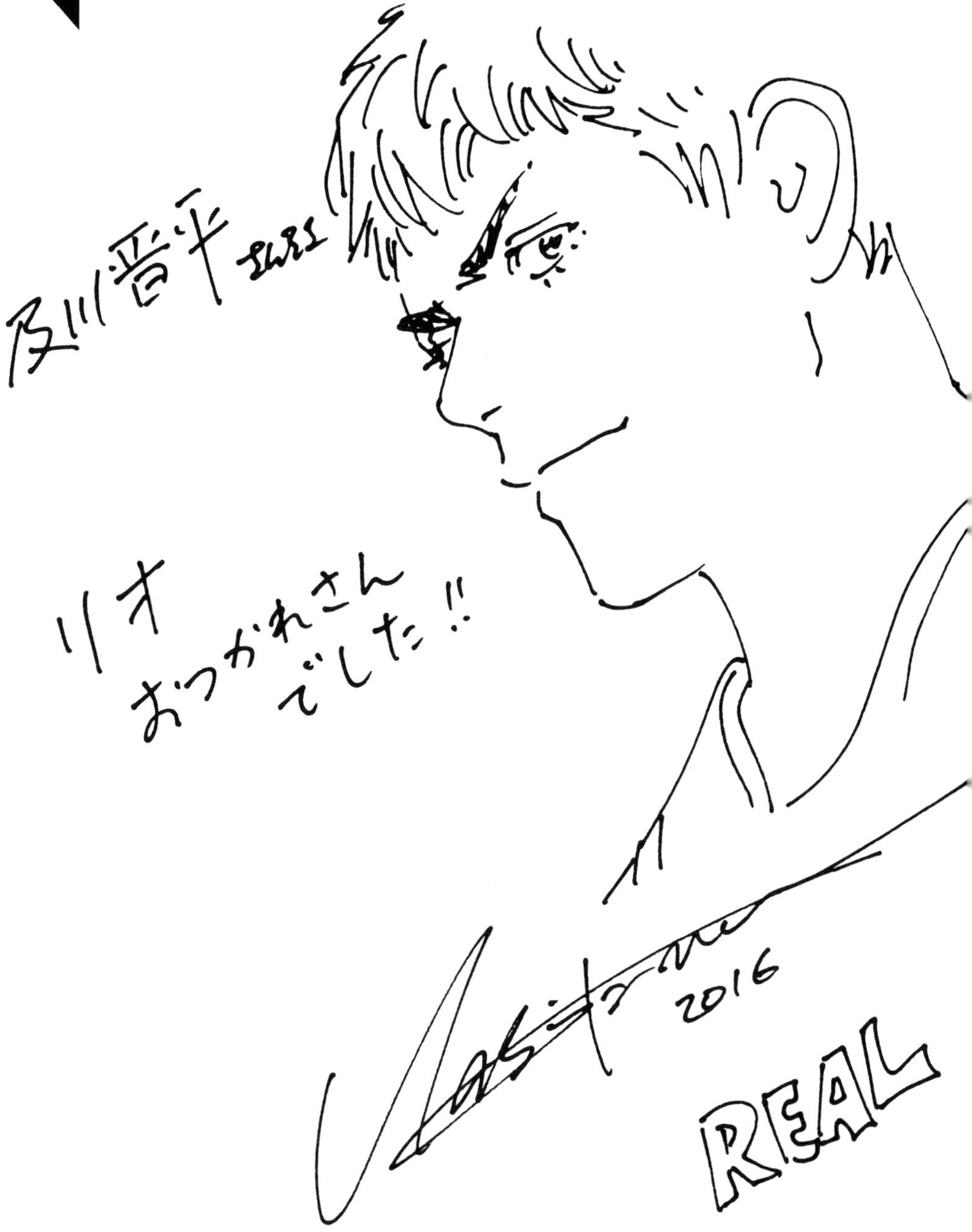

及川晋平
リオ
おつかれさん
でした!!
2016
REAL

[リオお疲れ様会&スペシャル対談]

# REAL TALK

INOUE TAKEHIKO 井上雄彦 × 及川晋平 OIKAWA SIMPEI

**「帰ったらお疲れ様会をしよう」とリオの地で固く誓った約束。
それならば、取材も一緒にと無理矢理、お願いのリアルトーク。
井上担当のIと、チームリアルのNもタイトル通り、
プロレスの覆面を被って友情出演。リアルトーク、
座談会バージョン、ゆるーい感じで試合開始〜!!**

リアル仮面1号&2号(友情出演)

覆面座談会ver.

[覆面座談会メンバー]井上雄彦(漫画家)、及川晋平(車イスバスケットボール日本代表HC)、リアル仮面1号(写真右・井上担当の剛腕(?)編集者。極度の方向音痴でリオでも井上を困惑させたとか。得意技は全国美味い店探し)、リアル仮面2号(写真左・身体中に置針を仕込み、いつでも凶器攻撃が可能な通称リーダー。得意技は姪っ子メロメロパーンチ!!)

molten
FIBA
APPROVED
GL7X

# 選手村のシンペーJAPAN、チームリアルは珍道中!?

**全員**　リオ、お疲れ様でした~。

**覆面A**　本日は、約束のリオお疲れ様会&リアルトークをシンペーJAPANの闘いを検証しつつ、極旨の金目鯛のしゃぶしゃぶをつまみに、ぶっちゃけれたらなと思っておりま~す。

**及川**　これ焼酎？　大丈夫？　酔わない？

**覆面B**　それはウーロン茶だから酔わないよ（笑）。

**及川**　俺もお酒が飲めるようになりたいんですよ~。

**覆面A**　シンペー、鼻を拡げて訴えない（笑）。そう言えば俺、付き合い長いけどシンペーと飲んだこと記憶にない。

**及川**　ちょっと練習しようかな。

**覆面B**　練習（笑）。

**覆面A**　この歳で（笑）。でも美味いって思わないでしょ？

**及川**　いやいや、でも、そうなりたいって感じはありますよ。酔っぱらってこう。

**覆面A**　やってらんねぇよな！　みたいな（笑）。

**及川**　なんかこう（笑）。

**覆面A**　まあでも、リオまで遠かったですねぇ。

**覆面B**　ホント遠かった~。

**及川**　ニューヨークで乗り換えですか？

**井上**　トランジット3時間。

**及川**　そんなもんでしたか。

**覆面A**　バッファローウイング食いましたよね。

**井上**　ビールと（笑）。

**覆面A**　そう言えば、僕が機内に持ち込んだ首枕を羨ましそうな顔で井上さん見てたから、空港で売ってますよって一緒に探したんですよ。悩んで、これがいいって買ったのに、すぐに捨ててましたよね（笑）。

**井上**　ちょっときつかったんです（笑）。

**覆面B**　僕は今回ちっこいボールを持って行っ

たんですよ。中の空気の量を調整できるやつで、トレーニング用なんですが、基本は飛行機の中で枕にする用に。

**井上**　リーダーの準備の良さには舌を巻きますよ（笑）。

**覆面A**　大体僕ら3日目まで、ひどかったから。早く出ても思った時間に辿り着かない。ホテルから近いんだよ、見えるんだよオリンピックアリーナ。

**井上**　見えてるけど入れない。

**覆面B**　メディアの入口が遠いんですよね。

**覆面A**　初戦のトルコ戦はね、僕らも慣れてないっていうのもあるけど、試合開始ピッタリに会場到着（笑）。遅刻ギリギリ。

**及川**　最初探してたんですよ、どこかなあって。

**井上**　そういえばスペイン戦もアリーナ入口に入るまでに相当な距離を歩かされた（笑）。

**覆面A**　パークの中に入ったのは2時間以上前なのにですよ。

**覆面B**　メディアって、裏のメディア専用入口から入るようになってるけど、表側から行っちゃうと、その裏のメディア入口に着くのが難しい。

**覆面A**　それが第3戦のオランダ戦もですから、どんだけ学習しないいんだっていう（泣）。

**井上**　そう。また入口になかなか辿り着かない（笑）。

**覆面A**　僕らリーダーがいないとダメなんですよ（笑）。

**井上**　赤子同然（笑）。

**覆面A**　オランダ戦なんて夜遅くから試合開始だけど結構、早くホテル出て。メディアセンターの食堂で井上さんと食べながら、他の競技を余裕で見てたんですね。陸上頑張ってるね〜かなんか言いながら。で、そろそろ行きますかって、そこからじゃあどこ行くんだよって（笑）。

**覆面B**　あのメディアセンターのところから、パークの中をバスが回ってくれるんだけど、またバスがよく分からないまま2系統あって、しかもバスケは途中で会場が変わったでしょ？　オリンピックアリーナとカリオカアリーナと。それ降りる所が全然違うから。

**覆面A**　ここだ！　って言っても、そこで降ろしてくれないんだよ。ここはどこだって言ってもドライバーが知らんって言うし。

**井上**　向こうのバスが不親切なのは、バス停をちゃんと言ってくれない。

**覆面B**　ここは今日は車イスバスケットボールだよとか、ボッチャだよとかっていう、何の競技をやってる会場なのかアナウンスもないから分かんない。また、そのバスも単に周回してるだけだから、何時に出発とかないんですよね。

**井上**　時刻表みたいなのもないですからね。

**覆面A**　シンペー、焼き魚食べてないで会話に入ってくれる？

**及川**　あ、すいません。この魚、ほんと美味しくて(笑)。皆さんは、リオで外にご飯食べに行けたりしたんですか？

**井上**　行ったよ。

**覆面A**　着いた初日の夜は…何て名前の店でしたっけ？

**井上**　あ、まずはあれに行ったんだシュラスコ。

**覆面A**　初夜はシーフードですって。

**覆面B**　ああそうだ、なんでしたっけ。スープの名前、料理の名前、えっと…。
**覆面A**　ムケッカですよ食べた料理は。ノマンダ、ノマンゲ、ノマンガ。
**井上**　え？
**覆面A**　呪文を唱えてるわけじゃなくて（笑）。ノマンゲっていう店でムケッカ…を食べたんですよ。
**井上**　店の名前ですか？
**覆面A**　ムケッカっていう料理名ですね。シーフード。結構ホテルから近くて。
**井上**　全然覚えてないそれ。
**覆面A**　ムケッカをですか？
**井上**　ええ。
**覆面A**　じゃあお見せしましょう。（携帯画面を見せる）
**覆面B**　初日に行った夕食の店ですね。
**覆面A**　そう。時差ボケで電話しても、いつも井上さんが寝てるっていう。午前中着いたんだけど、もうボロボロだから、じゃあちょっと休みますかってなって。2時間後、4時間後、6時間後全部寝てたっていう（笑）。
**井上**　記憶がちょっと…（笑）。あー、そういえばムケッカ思い出した。ブイヤベース的な。
**覆面A**　そうですよ。
**及川**　ブラジル料理ですか？
**覆面A**　リオの結構有名なシーフードの…リオじゃないか、ブラジルでかな？　シンペー何食ってたの？

**「井上さん、リオで謎のカップラーメン買ってましたよね～」**

**及川**　いや僕なにも、野菜と…。
**覆面A**　野菜？
**及川**　アサイーとサーモン（笑）。
**覆面B**　いやでもそういう2人だって相当カップラーメン食べてたでしょ。
**覆面A**　初日でまずカレーカップヌードル食っちゃった。とっておきだったのに…。
**井上**　俺も初日で（笑）。
**及川**　持ってったんですか？
**井上**　きっと食いたくなるだろうと思ってね、2個。2日で無くなっちゃった（笑）。
**覆面A**　だけど3日目で井上さん、謎のカップラーメン買ってましたよね。4日目でした？
**井上**　そうそう、4日目（笑）。
**覆面A**　え――みたいなパッケージの（笑）。
**及川**　僕らはオリンピックでベスト8のアカツキファイブ（バスケットボール女子日本代表）が、いっぱい食料を残していってくれたんですよ。
**覆面A**　ここで改めてお礼を言っとかないと。
**及川**　そうですそうです。本当にいっぱい残してくれて、その点はラッキーでした。お米もたくさんあったので。
**覆面B**　ご飯食べられるっていうのはいいですよね。
**及川**　食は重要だと思いましたね。今回、サプリも味の素さんが入ってくれたので、だいぶ良かったんじゃないかな。
**覆面A**　そうだよね、大事だよね。選手村は快適だった？
**及川**　快適だった…っていうのも京谷《きょうや》（アシスタントコーチ）がありがたいことに色々とセッティングしてくれたんですよ。僕の生活を含めて（笑）。これはこうしなさい、何時に集まりなさいって全部やってくれた。
**覆面A**　そういえばシンペー、選手村って床屋あるって本当？

**及川**　うん、床屋ある。

**覆面A**　選手で誰か行ったの？

**及川**　潔《きよし》と豊島、連志《れんし》かな？ 刈り上げてきた。

**覆面B**　あのスッキリ感は床屋に行ったということだったんだ。リオカットなんだね。

**及川**　街だから。選手村だから、村としての機能は全部あるんですよ。

## 「マックは、やっぱりマックでしたよ」

**覆面A**　もちろんレストランもね。マックもあるんだよね？ シンペー食べた？

**及川**　マックあった、食べ放題。

**覆面B**　美味しかった？

**及川**　う、うん…でもマックはマックでした（笑）。僕らもそうですけど、行く前にブラジルは選手村でさえ危ないっていう報道を連日のようにテレビとかで見て。それは過剰なほど。でも行ってみて分かったのは、基本的には温かい人たちが多いから、トラブルとかもどうでもいいって思えないといけないんだなってなりました。

**井上**　達観してるね（笑）。

**及川**　やっぱり盛り上がるし、あの楽しさの中にいるには、それはしょうがない。

**井上**　それは同感だね。

**及川**　だからいちいちキーキーしてたら、本当にもうやりたいこともできなくなるっていう。

**覆面A**　まあでも警戒してましたよね。

**井上**　でも分からなかったのは、行く前の打ち合わせとかでも、Iさんの脅しがすごくて（笑）。靴下にお札を分けて入れてとか携帯は出しちゃダメとか。服装も目立たないような格好で現地に溶け込むようにって言ったのに空港で会った時、自分はめっちゃ派手な格好で（笑）。カラフルな帽子被ってたし、ジーパンもよく見ると音符のマークで。楽しそうじゃないですかって思わず言っちゃいました。

**全員**　（笑）。

**覆面A**　すませーん。まあでもリーダーも3本くらい注射打っていきましたよね。

**井上**　予防接種したんですか？

**覆面B**　一応しました予防接種。

**井上**　でもリーダーは、色んなところ行くからね。

**覆面B**　水の中も入る可能性があったんで。膝までとかね。あるいは、ボートとかカヌーの取材ボートに乗った時に、万が一ドボンっていう可能性も一応あったので。

**及川**　でもねトゥーマッチでしたよね。なんかその危険情報がみんな。アメリカなんて来てすぐに、みんなタクシー乗って色んなところ行ってましたからね。大丈夫なんだって思いながら見てました。まあでも僕はヘッドコーチなんでそういう自由な身じゃないので何もできなかったんですけど。

**覆面B**　アーチェリーの会場に行った時に、治安が悪いんですよものすごく。期間中になんか殺人事件があったらしくて、リオのカーニバルをやる場所を2ブロックシャットアウトして、会場にしてやってたんですよ。その近くのトンネルが現場なんです。そんなヤバい場所でさえアメリカの選手たちだけは、「俺たちは元兵隊だから大丈夫」って言って平気で外を徘徊してましたよ。

## 「データで見るとディフェンスはトップ4の成績だったんですよ」

**覆面A**　そろそろ本題に入りますがよろしいでしょうか（笑）。今回、トルコがあって、スペイン、そしてオランダっていう中で、2戦目のスペインは僅差だったし勝てる可能性が高かった。もう無理って相手じゃなくて。そのスペインが準優勝だったでしょ。そこはすごく勇気をもらったというか、感じるものあったんじゃない？

**覆面B**　スペイン決勝行くの!?って思った。日本戦見たらミスは多いし、隙だらけというか。当然スペインだって試合毎にチーム状態が上がっていっただろうし、でも勝てる可能性があった相手がさ、決勝まで行ったっていうのはすごいよね。

**及川**　そうですね。僕が一番思うのは、ディフェンスが機能したっていう。ここに資料があるんですけど（おもむろにバッグから資料を取り出す）、平均得点はリオ全体で僕ら9位なんですよ。一方、平均失点率ってあるんですね。それは3位か4位なんですよ。つまりトップから4位のディフェンス力を持ってるんですよ。スペインは今回のリオで平均67点取ったんですよ。その中で55点に抑えたのは、USAとの決勝の52点に次ぐ失点率なんですね。北京、ロンドンまでは65点くらい取られてて56点しか入らなかったっていう。

**井上**　この資料すごい明確だし、明快にわかるよね。同じ順位は9位であってもさ、明らかに内容が違う。

**及川**　つまりこうきてるんですね。得失点差を逆転するところまでに到ってないっていうのがトルコやスペインとの差なんですよ。ディフェンスで近くまで寄ったわけじゃないですか。だったらそれを極めてこれ以上下げるか、それとも得点を取る

のかっていうことですよ。そうするとやっぱり57点は9位で優勝したUSAは70点台取るわけですよね。だから得点力という部分で十分な成果が出てなかったとは言える。とはいえフリースローは予選中73%くらいだったんですね。最後、落ちたけど12チーム中ずっとランキングトップだったんですよ。つまり、シュートに関する意識とかも、だんだん高くなってるし、後はここから60点台に跳ね上げるにはどうしたらいいかっていう話なんですよ。

**井上**　目標の64点っていうのはどこから弾き出したんだっけ?

**及川**　64点っていうのはロンドンの時の4位の平均得点で、まずは64点ぐらい取れないとそもそもパラじゃどうこう言えないよっていう。そんな分かりやすい目標設定もなしで今までとにかく行くぞ～って言ってたから。1Qに8点取ろうが10点取ろうが関係なかったんですけど、今じゃ16点取らないとノルマ達成しないってみんな思ってるから、16点取るためにどうするか。

**覆面A**　クォーターごとにね。

**及川**　そうすると16点取るために大体10何本の…16本のオフェンスがあるんですね。その時にターンオーバーを3回とかしてると、もう16本が13本になっちゃうわけじゃないですか。ちなみに今回ターンオーバーの数も全体で3位なんですね。

**井上**　明らかだね。

**及川**　そうです。今までミスが多い、スティールされてレイアップいかれるようなチームだったけど、リオ大会では3位なんですよ。ターンオーバーが。

# ベーシックスの成果と課題 見えてきた世界基準への道のり

つまりミスが少ないチームになっていて。

**井上** 気になったんだけど相手のイージーバスケット※は、どの試合もあって、日本は無いに等しくなかった？

**及川** ないです、ないです。

**井上** すごい少ないよね。その辺っていうのが、次の段階なのかなって思うんだけど。単純にバスケットを考えれば、そもそも1人で突っ走れば一番簡単なわけで。ちゃんとやるべきことをやるっていう、みんなの約束事があるんだけど、行ける時は行くっていう。

**及川** そうなんですよ。

**井上** いつでも行ける姿勢でいることを忘れて、ひょっとして各選手たちの考え、頭の中が固くなってたんじゃないかなっていうふうに思えてね。

**及川** 僕の振り返りはそこ。明らかじゃないですか。で、思ったのは、やっぱり導入、習得、経験っていうのをずっと僕は、いい流れだなって思ってたんですよ。導入したものを習得して、よしこれだなって思ってやってる段階って、まだ経験なんですね。だからこれがいいだろうと思ってみんなやってるんですよ。選手が緊迫すればするほどベーシックスをやろうとしてたのは確かで、そのベーシックスをミスってしまっても、自分のアドリブだったり創造性だったりで取り返すことができるんですよ。そのへんは僕もずっと葛藤してたとこなんですけど。

**覆面A** 井上さんも、相手は日本のことを恐れてないよねって言ってましたよね。

**井上** うん、言いましたね。それは何かって言うと、いつでも油断すると打ってくるとか、個の1対1っていうようなところとか、オフェンスで何やられるか、油断したら攻めてくるぜこいつら…みたいな怖さを日本は、あまり感じない。やっぱり自分たちのやるべきことっていうのを実直にやろうとしてるんだけど、闘いになってない。ケンカになってない。そういうのは雰囲気として感じた。

## 「アカツキファイブの闘いに未来のヒントが！」

**及川** 今回スリーの数に関しては、日本が最下位なんですよ。1試合4本。アメリカとかドイツとかは平均で10本ぐらい打ってくるってことを考えると、やっぱりスリーを試合の中で使おうと考えたのが遅かったかも。反面、そういうことを日本代表でやっていいかどうかまで決断に至らなかった。やってきたものを壊しちゃうわけじゃないですか。それでも大きなリスクを取りに行くかどうかっていう。

**覆面A** でもスリーが試合を左右するって、最近の車イスバスケの世界基準ではありだよね。10年前は世界のトップでもどうかって感じだったし、少なくともジャパンでは…打てなかった。

**覆面B** でも確かに10年前だとどのチームも限られた選手でしか打たなかったですけど、今はどっからでも飛び道具がありま

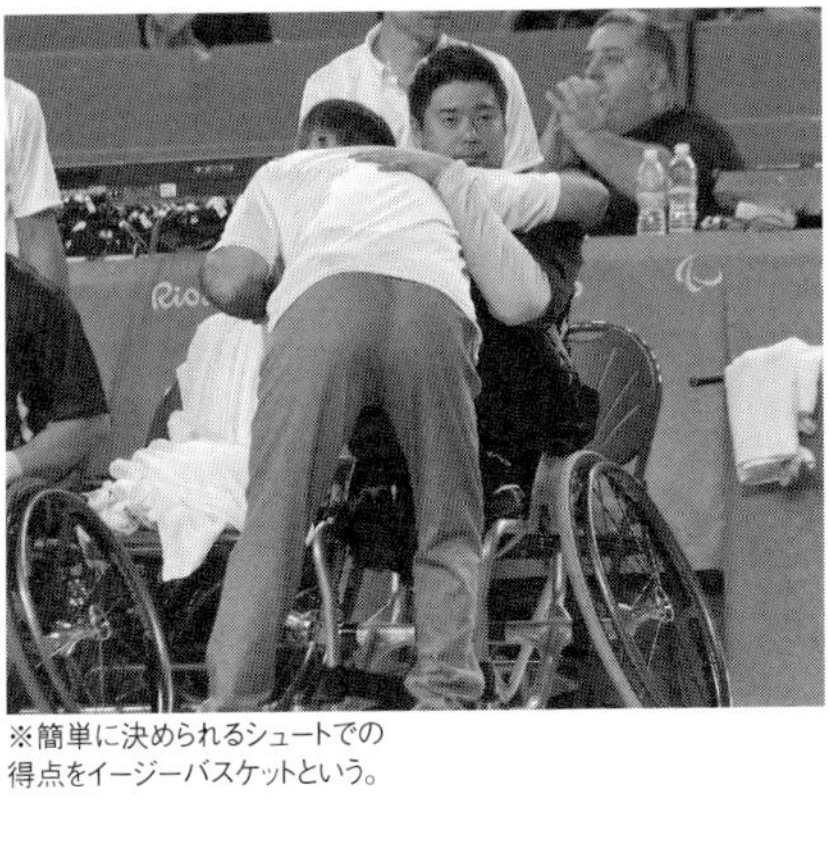

※簡単に決められるシュートでの
得点をイージーバスケットという。

すからね。

**及川**　僕が思ってたのはアカツキファイブの栗原三佳選手があれだけスリーを決めてた。あれは入らなかったなら全然負けるわけじゃないですか。で、その後にやっぱドライブができてピック&ロールができてっていう彼女たちのスタイルは、よくぞって思いましたけど、振り返ると、それなりの苦しさがチームにはあると思いますよ。トライをしてきて、トライがあるっていう。つまり算数のように一歩一歩を積み重ねていく部分である程度のベースができたら、一気に高いレベルで勝負に行くってことをどこかでしないと。それはやっぱり、ベースができたからそう思えるのかなって考えますね。

## 「極端に見えるようなこともアイディアとして、どんどん出すべき」

**井上**　なんだろうね。やっぱり極端なことを試すっていうのは、ひとつの道だと思うんだよね。車イスバスケの場合がどうなのかっていうのが、ちょっと俺も分かんないんだけど。アカツキファイブは、ひとつのヒントじゃないかな。あの走り回ってスリーポイントっていう。

**覆面A**　かなりの衝撃でした。ええっ？　女子強いじゃんって。

**井上**　衝撃っていうか、でもやれると思ってましたよ。女子はポテンシャルあるし、上手くいけばベスト4に行く可能性もあるっていうのは考えてた。どんだけその異質なバスケをするかっていうか、そういうのが

日本のひとつの道なんだと思う。男子なんか世界のバスケが進みすぎてて、勝てる要素がなくなっちゃってるんだよね。ちょっと道が長い感じがするんだけど、車イスの方がもっと世界のトップに近いところにいるから。

**及川**　異質ってどういうことですか？

**井上**　違う文化っていうか、なんだろうな…これもバスケなのかよっていうような。そんなのありかよっていう。下手したら、次回からルール変えられちゃうみたいな。そういう道が、ないのかなっていうのは思うよね。

**及川**　水泳だったら鈴木大地のバサロみたいな。

**井上**　バサロが禁止されたり、スキーのジャンプがとかね。でも、こういうと身も蓋もないけど時間は、やっぱりかかるよね。

**及川**　かかりますね。

**井上**　それは、やっぱり必要なステップだなっていう風にも見えるんだよね。

**及川**　365日のうち60日ですからね、代表の時間って。300日は個人に任せてるわけじゃないですか。2020が東京に決まってから色んな環境が変わって、物事が良くなったのって本当に今年なんですよね。そう考えると、わかってくれる人は少ないんですけど、僕はやっぱり時間ってでかいよなって思いますね。

**井上**　ちなみに他の国とかだと代表活動みたいなのに使える時間は違うの？

**及川**　ヨーロッパのリーグにみんな送り込んじゃって、そこである程度、個の実力を高めてしまって、帰ってきたときに合わ

青木英高
福美丸

せていくっていう。アメリカなんかは、合宿を何度もやって。練習試合も結構やってたかな。

**井上**　ほら、アメリカとかって車イスバスケがどうなのかは知らないけど、技術っていうものをきちんと系統立てて、どんな才能の人でもある程度までいくっていうのを構築している。こういうやり方でいったらここまでいきます。それが日本にもあれば、ある程度までいけるじゃん。そういうのがない。

**及川**　それが今回行ったベーシックスなんですよ。技術をみんな共有してたから、誰を出しても大丈夫ってことがすごく大きかったし。もちろんそこの精度っていう部分で充分ではなかったから負けたのは事実で。トルコとかスペインとかひとつひとつ分析してってもベーシックスの精度が例えば、20%高かったら勝ち負けが逆になったわけですよ。だからやっぱりプラスでスリーを基準に入れることで、さらにバスケットの広がりと日本人ができること、高さに対して明らかに対策をするべきだと僕は思いました。

**井上**　明らかに対策？

**及川**　明らかに。高さに対してどうやって戦おうとしてんのってことがはっきり言えなかったら、絶対に勝てない。

**井上**　そもそも戦術とかって何のためにあるのかっていったら、勝つためでしょ？　バスケットって人対人のスポーツだし、そこが日本の弱いところっていうか。要は相手との勝負で勝てばいいわけですよ。それこそズレを作るっていうか。それの積み重ねなわけで。それがどうしても日本人の場合は置いてけぼりになって、戦術の精度を上げていくってところに、行きがちなんだけど、結局は相手より一個出し抜けばいいことだし。

**及川**　シンプルなことを正確にできたらそれだけでいいんです。

**井上**　うんうん、そうだね。

**及川**　だけどそこに行けないから、余計な工夫の連続がシンプルな部分を忘れていくっていう。

**井上**　後は相手は何が一番嫌なのかっていうところにフォーカスして、そこを徹底的に突き詰めるとか。オフェンスでもディフェンスでも自分たちのいいものをやる、いいバスケを見せるとか、いい理想の形をやるのはひとつなんだけど、まあ挑戦者なわけだし、その弱者の戦い方っていうのもあると思ってる。

**覆面A**　400mリレーのバトンパスなんて、まさにそうでしたね。

## 「戸川清春は試合を決める選手だよね。東京では日本代表の秘密兵器かも」

**覆面A**　ちなみにシンペーHCは、戸川がジャパンに入ったらどう使うの？

**井上**　僕がそれを描くの？

**覆面A**　いやいや（笑）。

**及川**　でも戸川はスリー打てなかったら日本代表には呼ばないけどね。

**覆面B**　シンペー、空気読もうね～（笑）。

**井上**　こうして記事が作られるんだ。現場に立ち会った（笑）。

**及川**　試合を決める選手だよね。必ず苦しい場面が出てきて、それを乗り越える瞬間のインパクトに相手が、おおってなるっていう。そのインパクトを作るのがやっぱり戸川じゃないですか。

**覆面A**　戸川の恨みを返すわけじゃないけど（笑）、キツい思いをしてリオ行ったのに1勝しか見れなかった。

**及川**　すいません本当に！

**覆面B**　まぁ言っちゃえば4年前も1勝だか2勝だかしか見れてないですしね（笑）。

**井上**　何の慰めにもならないと思うんだけど、僕の目には、日本は坂道を登っている途中っていう風に見えて、だからそれだけの時間がかかると思ったし、ただそれはもう確実に登っているっていう足跡は見えてるんで、まぁ負けて悔しいんだけど希望に満ちた観戦だったなと思うんですね。来てる道は間違ってない。もちろん自分たちに何が足りないのかっていうのは厳しく見つめていかないといけないとは思うけどね。

**覆面A&B**　ありがたい、お言葉じゃないかシンペー。

**及川**　あとーんす！（笑）

## また4年、走り続ける…東京は、とびきりの笑顔で！

# 燃えろ!
# シンペー
# JAPAN

燃えろ！シンペーJAPAN

［しゃべくりミックスゾーン］

# シンペーJAPAN、悲喜交々。

試合を終えた選手たちが必ず通過するミックスゾーン。それぞれが喜び、悲しみ、怒り、涙・・・様々な表情を見せながら本音で語ってくれる場所なのだ。リオでの12日間の激闘をミックスゾーンの言葉とともに振り返る!

## 9/8 その１

**予選リーグ第１試合　カリオカアリーナ１**

**●日本　49―65　トルコ○**

注目を集める車イスバスケの初戦ということで、日本メディアが殺到。ゴール下のカメラマン席は日本側だけ超満員。強豪をあと少しまで追い詰めるも逃げ切られてしまった。テレビカメラや記者に囲まれる及川HCの後ろをスッと通り過ぎてきたベテラン２人をキャッチ。

**藤井新悟《しんご》**「さすが世界選手権３位、強かったです。３Qで３点差まで詰めたのでいけるかもと…。あそこで追いつけなかったのが痛かった。最後に離されたのは、疲労があったのかもしれないですね。僕らも入り方は悪くなくて、それだけに悔しいです」

**石川文則《たけのり》**「40歳だけど初めてのパラリンピック、ちょっと緊張しました（笑）。５番のドリブル、シュートにやられましたね。俺らもパスやシュートのイージーミスがもったいなかった。また明日がんばります」

ⓒアフロ

## 9/8 その2

テレビのコメントを終えてようやく及川HCがリアル取材チームの前へ。敗戦に笑顔こそないが、試合内容には手応えを感じているようだ。コメントは参加しなかった開会式のことから始まった。

**及川HC**「テレビで観ましたが開会式は素晴らしかったですね。終わって選手村に戻ってくると深夜になっちゃうので、今日からのゲームを優先して考えてコンディションを整えることにしました。ロンドン以降を振り返って、チームの信じるもの、プライド、大義について話し合いました。今日は勝てなかったけど、みんなで共有した思いが少しは出せたかな。今日より明日は成長します。まだ大会はこれから！」

# 9/9 その1

**予選リーグ第２試合　カリオカアリーナ１**

**●日本　39—55　スペイン○**

世界トップクラスの高さを誇るスペインをしっかり封じて、第１Qを11—8と上々のスタートを切った。しかしシュート確率が悪く、第３Qに一気に引き離されてしまった。連敗にミックスゾーンのメディアにも重い雰囲気が漂う。悔しそうな表情で引きあげてきたユニット１の２人に聞いた。

**豊島英《あきら》**「勝ちにいったゲームでしたが、結果は負けてしまいました。前半はディフェンスも機能したんですが、逆にオフェンスがまったく…。相手の高さに苦しみました。自分たちのシュート力の低さというのもあると思いますが、後半は相手もディフェンスをアジャストしてきて、僕らのオフェンスがさらに機能しなくなりましたね。ボールを動かしたりいろいろやったんですが…修正しきれませんでした」

**香西宏昭**「相手の強さは予想通りでした。前半は僕たちも、しっかりディフェンスできて相手の得意な速攻を許さなかった。これを後半継続できなかったですね。
やろうと思っていたオフェンスもできなくて、いい形でシュートが打てなかったので得点が伸びませんでした」

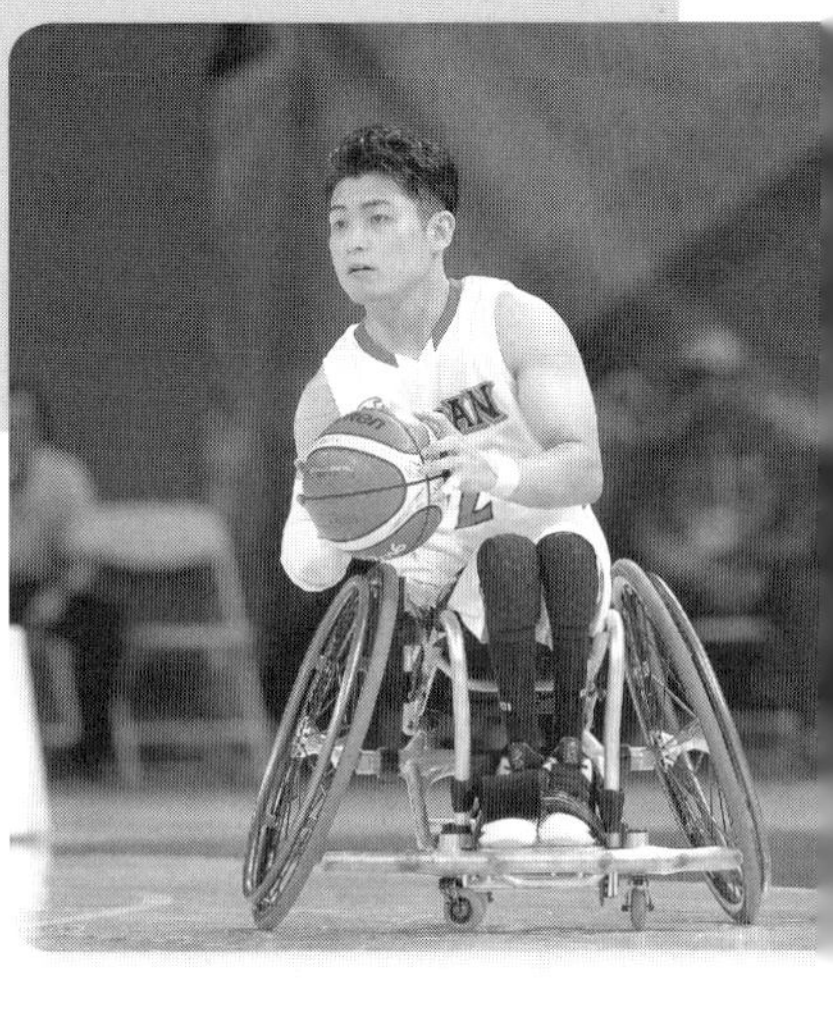

笑顔がトレードマークの香西も表情が硬く、井上雄彦の質問にも静かに答える。

快適だという選手村についても少し聞きたかったが、連敗で話を切り出すことができなかった。

ゲーム中は冷静な及川HCだが、タイムアウトでは声を張り上げる。

# 9/9 その2

勝ちゲームではメディアがコメントを聞きたい選手は分散するが、負けゲームになると、どうしても及川HCとキャプテンの藤本に質問が集中してしまう。チームバスの出発時間が迫っているらしく、佐藤美穂マネージャーが何度もミックスゾーンを覗きに来た。

**藤本怜央**「トルコ戦の負けをひきずることもなく、切り替えてゲームに入れました。今日は早いパス回しから、相手を崩して行きたかったんですが、うまくいかなかったです。やはり相手が大きくてうまいので、なかなかインサイドに入れなかったですね。入ったとしてもタイミングもずれたりして、得点に結びつかなかったです。明日、オランダ戦ですが、お互いに何回も戦ってるし、いいイメージしかないんで、しっかり勝ち切りたいと思います」

**及川HC**「体力、体格差を痛感しました。ディフェンスはよかったけど、オフェンスがつながらないというか…。うまく機能しなかったです。大舞台で勝つチームはチャンスと見るや畳み掛けるように闘わないとダメですね。ハーフタイムには、ディフェンスはやり続けようということと向こうが絶対、落ちてくるからと指示したんですが、戦略と戦術に頼りすぎてた部分もあったかもしれないです。個の力というのも当然ないといけないし、戦略や戦術は、まず個ありきですから。明日のオランダ戦はコートも変わりますし、しっかり切り替えて臨みたいと思います」

# 9/10 その1

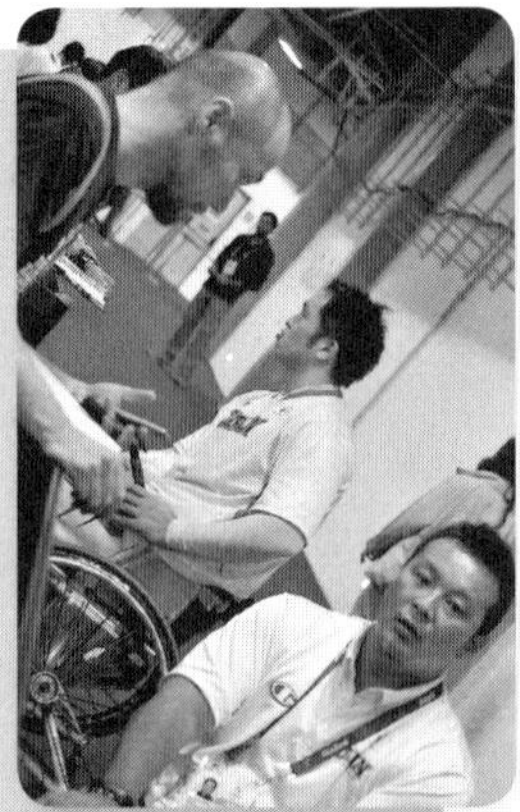

**予選リーグ第3試合　オリンピックアリーナ**

**●日本　59—67　オランダ○**

連敗の後の第3戦は、シンペーJAPANにとってまさに正念場。選手たちもいつもに増して、気合が感じられた。立ち上がりは当たっているオランダ23番の得点でビハインド。しかし、そこからじわじわと追い上げ、第3Qではついに逆転。初勝利に手が届くかに見えたが、大事な局面で23番に決められ、最終Qに力尽き3連敗となった。

**京谷AC**「いい試合でも勝たなくちゃ意味がないんです。ただただ悔しい…それしかないですね。正直、オランダ戦が一番の山だと思っていました。いやぁ、きついなぁ…。でも終わったわけじゃなく、まだカナダ、そして世界王者のオーストラリアとの試合が残っています。最後まで、全力で闘うだけです」

# 9/10 その2

リオ前のイギリス遠征で完勝しているオランダには、シンペーJAPANは1勝を計算していた。試合が終わった瞬間の選手たちの様子から、この敗戦のダメージの大きさが感じ取れた。この日の会場となったオリンピックアリーナは大きく、記者席も高い位置にあった。ダッシュで駆け下りたが、半分以上の選手たちはミックスゾーンを通過した後だった。

**藤澤潔**「決めれるところで、ちゃんと決めれなくて…悔しいです。ショットの角度も崩れてたのかもしれないですね。フリーでもらったりするチャンスもあったので、そこはしっかり決めないといけなかったです…」

**藤本怜央**「はっきり言って今日の鍵を握るのは俺のシュートだと思っていた。京谷ACにアテネの時から『お前にはエゴがない』と言われ続けてたんですが、やっぱりシンペーJAPANというチームで、点を取るのは俺の仕事なんだと改めて思ったし、パスをくれよって思いました。勝ち際ではエゴも必要なんだって、この舞台で分かったというか…。明日はカナダ。シンペーさんの学んだカナダのバスケに勝ちたいですね。失うものがない今のカナダは脅威。でも、勝ちます。僕らはまだ終わりなんかじゃない。しっかりといいバスケをしたいですね」

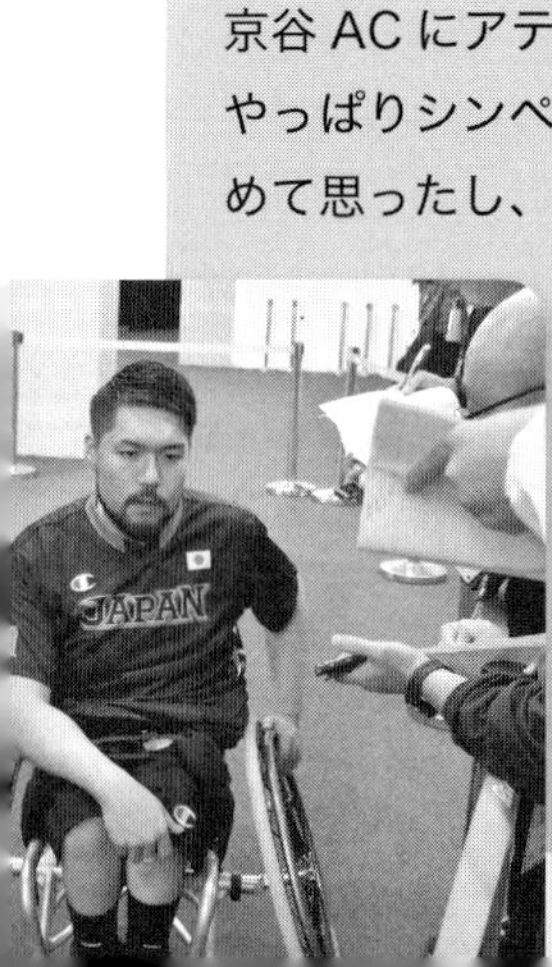


21時に始まったこのゲーム。取材を終えて会場を出たのは23時半。循環バスでメディアセンターに戻って、タクシー待ちの列に並び、ホテルにたどり着いたのは深夜だった。

カナダのスタッフとしてベンチ入りしたマイク・フログリー（写真上段）は及川HCと香西にとって恩師とも言える大きな存在。最高のバスケで最高の恩返しができた。

## 9/11 その1

**予選リーグ第4試合**
**オリンピックアリーナ**
**○日本　76―45　カナダ●**

シンペーJAPAN、リオ初勝利！　ミックスゾーンの雰囲気も一転して明るくなった。

**香西宏昭**「カナダ相手にこんな大きな舞台で勝つのは初めてですね。スコアとかはどうでもよくて、今日は12人全員で闘って、しかも日本のバスケができたこと。これが最高でした。昨日までの負けが、ちゃんと学びに変えられたというか。3連敗は確かに悔しかったです。でも今日の試合で、今までやってきたことは間違ってない…それを痛感したし、それが嬉しかったです」

## 9/11 その2

**永田裕幸**「リオに来て初めて、やりたいことができました！」

**鳥海連志**「カナダはユニット5と同じプレスが武器の若いチーム。いいライバルで楽しかったです。パラに出たことで世界を目指す気持ちがさらに強くなりました」

**土《つち》子《こ》大輔**「1本目のシュートタッチが良くて、行けるぞって。ユニット5で試合を作って、ユニット1を明日に備えて休ませる自分の仕事ができました」

**千脇貢**「昨日よりも今日、日々成長ですよ。自分たちのバスケを貫いて1つでも多く勝って、日本に帰りたい。選手村より日本がいいっ（笑）」

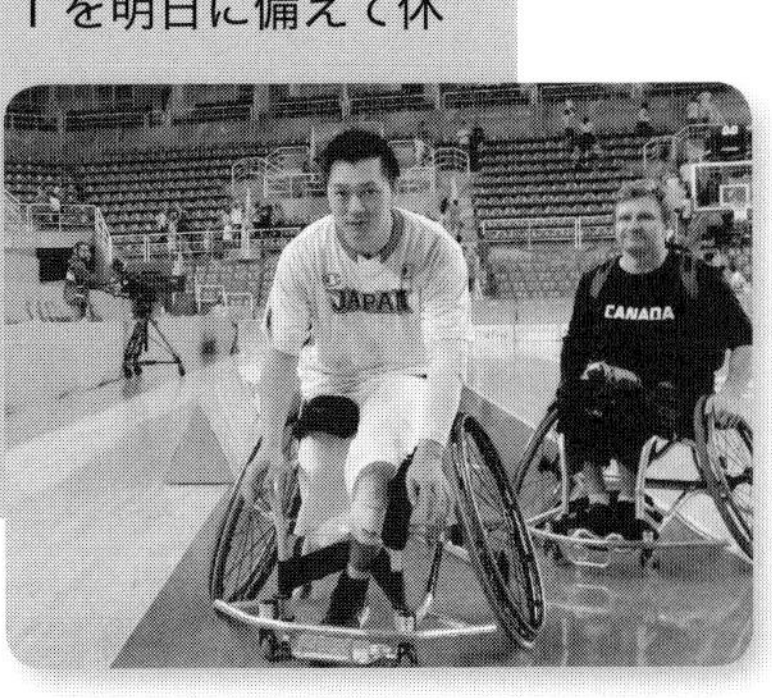


「今日はオレに聞きに来てよ」と言いたげなカメラ目線でミックスゾーンに向かう土子。

# 9/12

**予選リーグ第5試合　カリオカアリーナ1**

**●日本　55—68　オーストラリア○**

予選ラウンド最終戦は、世界王者・オーストラリアとの対戦。相手の高さに対してシンペーJAPANは戦術とスピードで勝負。惜しくも敗れたがユニット5も機能し、王者にしっかり爪痕を残した。その結果、予選リーグ1勝4敗となり、9-10位決定戦に回ることとなった。

**藤井新悟**「世界王者相手にウチの若い選手が躍動してるのが、頼もしくて、嬉しくなりました。僕自身のことで言えば、3戦目・オランダ戦の敗戦がすごく悔しくて、試合の最中に不覚にも引退の文字が頭をよぎりました。そこから持ち直して、昨日のカナダに勝つことができて、このパラリンピックという舞台での1勝の重さを改めて感じました」

**宮島徹也**「今日は負けてしまいましたがユニット5での理想としていたバスケができたと思います。試合展開もあって出番が少なくても気持ちを切らすことなく、僕らがやってきたものは出せました。本音を言えば、試合に出たかったですが、チームとしての役割も理解してますし…僕も大人になったってことですかね（笑）」

**京谷AC**「1戦、2戦のつまずきの原因は、シンペーと俺が慎重になりすぎたかもしれないですね。若い選手がリオを経験してものすごく成長しますよ。今日の村上、入ってすぐに1本決めた場面とか、思わず泣きそうになりましたもん（笑）。シンペーJAPANとして、やってきたことを継続して、やり続ける。日本代表は絶対強くなります」

**及川HC**「僕らが目指してきたバスケを今日も貫こうとしたんですが、世界王者は強かったです。僕らには高さがないから、スピードとクイックネスを使って、技術と戦術を磨いて精度を上げるしか道はない。あと1試合、信じるバスケをやるだけです」

最終戦で最高のゲームを見せてくれたシンペーJAPAN。リオの経験と自分たちのバスケに感じた手応えは、必ず未来へつながる！

## 9/15

**9-10 位決定戦　オリンピックアリーナ**

**○日本　65—52　イラン●**

世界トップクラスの高さを誇るイランに、シンペーJAPAN は必死のディフェンスでしのぎながら少しずつ点差を開いていく。最高の内容で完勝し、9 位を死守したシンペーJAPAN。2020 年東京へつながる勝利となった。

**鳥海連志**「毎日強い相手と戦えて楽しかった。決定力と精度を高めていきたい。大きな経験をして自信もつきました。この 9 位から世界の頂点まで上りつめるビジョンが見えてきたような気がします」

**村上直広**「チームのリオでの最後のシュートを自分が決めることができたので、2020 年に向けて気持ちよくリスタート。社長（永田）、ナイスパスありがとうございます。ドイツリーグで成長して帰ってきます」

**藤本怜央**「今日のユニット 5、すごかったでしょう。俺もヒロも出る幕がなかった。俺が出ないほうが強いのかもしれない（笑）。このシンペーJAPAN はみんなが影響しあって、高めあって、一人ひとりがすごく強くなりました。新たな気持ちで覚悟をもって、2020 年東京に向けて、自分とチームを磨いていきたいと思います。応援ありがとうございました」

# 9/19

18日の大会最終日は、昼過ぎにすべての競技が終了。夕方からはサッカーで有名なマラカナンスタジアムで閉会式が行われた。大会旗がリオ市長からIPC会長へ、そして2020年の開催地・東京の小池都知事へと手渡されたシーンがクライマックスだった。

翌19日は、午後からリオ市内のホテルで日本代表選手団の解団式が行われた。競技ごとの総括では及川HCも登壇、日本代表選手団主将を務めた藤本も堂々と挨拶をした。その会場で、あらためて及川HCの話を聞く。

「緊張の糸が切れたのか、イラン戦の後から義足のほうの足が痛み出し、激痛で歩くのが辛いほど。閉会式は無理をしないで休もうかとも考えましたが、妻から『閉会式に出なさい！　ケジメをつけなさい！』と言われて、思い直して痛み止めを飲んで参加しました。

閉会式には、多くの人の笑顔と健闘をたたえ合う姿、達成感に満たされた喜びの声があふれていました。巨大スクリーンには、大会で活躍した選手たちの感動的なシーンが映されていて、最初は見たくないような気分でしたが、何度も見ているうちに自然と気持ちが変わっていったんですよ。『あーやっぱりいいなー』、『これをしたかったんだよなー』って。

その時、自分の中でスイッチが切り替わりました。美しいもの、感動的なもの、素晴らしいものは、何も変わらずいつもあるべきところにあり、そこに近づけなかったのは自分であり…。そこに近づけなかった自分を自分で慰めるのは、ちっぽけで情けないことだなと。心の中の何かを足の痛みにすり替えてる場合じゃないって。だから、灰のように燃え尽きたのは2日間だけで、今は前を向いて進んでいく強い気持ちです（笑）。

9位という結果…これが僕たちの現時点でのリアルです。選手たちはチームとして取り組んできたものを信じて、ブレずに戦ってくれました。12人で戦って、大会を通じてさらに成長できた最高のチームでした！」

いよいよ世界を本気にさせた日本。2020年の東京パラリンピックを戦う日本代表の未来に、シンペーJAPANとしてのレガシーは残せたはずだ。

東京のプレゼンテーションには会場も大喝采。どんなパラリンピックを開催するのか、2020年東京への世界からの期待は大きい！

最後まで自分の言葉で堂々と日本代表選手団を鼓舞した藤本主将。

# シンペーJAPANの軌跡

REAL × RIO コラム column❷

**リオパラリンピックへの道のりを猛スピードで駆け抜けたシンペーJAPAN。その3年半の軌跡をあらためて振り返ってみよう!!**

## 2013年6月　シンペーJAPAN始動!　豊川合宿

及川晋平ヘッドコーチのもと、リオに向けた新チームがスタート。及川ヘッドの盟友・東野智弥《ひがしのともや》氏（現・日本バスケットボール協会技術委員会委員長、当時はbjリーグ浜松・東三河フェニックスヘッドコーチ）が戦略コーチに就任し、チームをサポート。

## 2013年11月　世界選手権予選（タイ）

シンペーJAPAN初めての大きな国際大会。4位で世界選手権出場権を獲得。その後、合宿やイギリス遠征などを行い、チーム強化を進めた。

## 2014年7月　インチョン世界選手権（韓国）

初戦のオランダ戦に快勝するが、ライバル韓国に敗れたことが大きく響いて、2次予選リーグで敗退。順位決定戦でコロンビアを破って9位となった。

## 2014年10月　インチョン2014アジアパラ競技大会

一般のアジア大会の後に開催される障害者スポーツの総合大会。前回の広州大会に続く金メダル獲得をねらったが、韓国に予選リーグと決勝戦で連敗。悔しい銀メダルに終わった。

## 2015年10月　アジアオセアニアチャンピオンシップ千葉

3枠のリオ出場権をかけて行われた通称「AOZ大会」。厳しい試合を勝ち抜くため、京谷和幸アシスタントコーチがチームに加わり、及川ヘッドを支えた。準決勝でオーストラリアに敗れたが、最後の1枠をかけた韓国との3位決定戦を制してリオ出場を決めた。この大会はリアルとシンペーJAPANがコラボ。会場の設営やモノレールなどに仕掛けを凝らし、大きな話題となり、会場となった千葉ポートアリーナには連日たくさんの観客が訪れ、シンペーJAPANの背中を押してくれた。

## 2016年9月　リオ2016パラリンピック競技大会

# 裸のレオ。

【藤本怜央・主将ロングインタビュー】

2015年10月17日、
この日は怜央にとって忘れられない日となった。
アジアオセアニアチャンピオンシップ、3位決定戦。
日本か韓国か……この試合に勝利した国だけが、リオ出場を決める。
人間・藤本怜央の苦悩と葛藤が日韓戦を通して浮かび上がる。
リオから帰国後、ドイツに戻る前日に地元・静岡でキャッチ。
裸のレオ、何も包み隠すことなくトータル4時間の独白――――。

燃えろ！シンペーJAPAN

「怜央、怜央っ、起きろ、起きろ――っ！」

パシン、パシン！

馬乗りになった父が、何度もオレの顔をビンタする。

「え、何？　お父さん、止めて。痛いよ…」

思っている言葉が声にならない。

「寝るんじゃない、目を開けろ」

パシン、パシン！

「や…め………、はっ……！」

宿泊先のベッドから飛び起きた怜央は、そのまま洗面台で自分の顔を見た。ゲッソリとやつれた頬に、目の下のクマ、そして顔色は相変わらず悪い。

「あの夢、久しぶりに見たわ。親父が、気合い入れてくれたかな」

いつものように起き抜けのシャワーを浴びながら、夢の続きを思い出していた。

怜央は一度だけ、父に叩かれたことがある。小学3年生の5月。トラックに脚を轢かれ、生死の境を彷徨っていた時。出血多量で意識が薄れて行く中、救急車が病院に着くまで、ずっと往復ビンタをされていた。目を瞑ると、そのまま永久に目が覚めない可能性もあるからと父は救命士に言われるままに叩き続けた。父もまた必死だった。

「そういやあ、今日も生きるか死ぬかみたいなもんか」

ここ数年「笑わなくなった」とか「悲壮感漂う」とか周りからいように言われていた。さすがに、もう慣れたが閉口したこともあった。ロンドンから3年、バスケットボールを楽しまないと心に決めていた。2択があるとしたら、必ず苦しい方を選んで来た。バスケットボールが好きだからこその苦渋の選択。勝つために、背負った日の丸に恥じぬように。

「見てろよ、親父」

誰に言うでもなく、部屋で一人呟く怜央。

「やべえ、遅刻、遅刻」

## 2015年10月17日――――。

この日は高気圧に覆われ、九州から北海道にかけて、晴れるところが多かった。しかし関東だけは例外だった。湿った空気が入り、朝から雨がぱらつき、肌に触れる空気は、少し肌寒かった。

そんな中、午前9時半から、千葉ポートアリーナで日本対韓国の3位決定戦が行われる。勝った方がイコール、リオパラリンピック出場を決める大一番の試合とあって試合前のアップは、今日の天気のように両チームとも重苦しいムードに包まれていた。何度も合宿等で訪れた勝手知ったる千葉ポートアリーナだったが、今日の雰囲気は異様だった。朝早くから過熱するメディア。そして3500人を超える観客。

突然、フラッシュバックのように、ある光景が蘇ってきた。

今から4年前の2011年のアジアオセアニアチャンピオンシップ。勝った方がロンドンパラリンピック出場という偶然にも同じようなシチュエーションの中、息詰る死闘を制したのは日本だった。

一方、ホームでの屈辱的な負けをバネに強くなった韓国は、それ以降、日本に3連勝と立場を逆転して、この大会に臨んでいた。

かつてのように勝って当たり前の国ではなく、勝たなくてはいけない国として、日本の前に立ちはだかっていた。

「2011年の最終予選から、アジアの勢力図が崩れてきて、日本と韓国の順位が入れ替わる危機を感じていた。最後、韓国との試合だって、ただ勝ちました、ロンドンを取りましたっていう簡単な試合じゃなかったし。残り0・3秒でのキム・ドンヒョンのフリースロー。あそこで彼がフリースローっていうのも運命だし、現に決められてたら、日本はロンドンに行けなかったわけだし。ドンちゃんが落としたから、韓国はきっと、2014年の、いわゆる今回のリオパラリンピックを決める最終予選で強くなって、立ちはだかるって思ってた。案の定、あれから韓国に3連敗。正直、どうしたら韓国に勝てるのかがわからなくなっていた。オレ、キャプテンだったけど…正直、逃げ出したかった」

運命と言ってしまえば簡単だが、両国の間には、車イスバスケ以外にも、たくさんの因縁や宿命があり、奇しくも今回のアジアオセアニアチャンピオンシップでも、残りたったひとつのイスを争うことになった。エースでキャプテンである怜央にとって、想像を超えるプレッシャーが襲っていた。

「頭の中をやべえやべえって、ずっと駆け巡っていた」

いつもの試合前と同じように、朝食はお粥を食べたが、心はザワザワと落ち着かなかった。それでも父の顔を見ると少しホッとした。

「試合前にばったり会ったんですよ。親父の顔を見て、落ち着いたみたいな。言葉は交わしてなくて、握りこぶしを見せただけ」

## 運命のティップオフ

日本の最初の得点は、やはり怜央だった。同じブンデスリーガのBGハンブルクでプレイする香西宏昭からの絶妙なパスを受けてゴール下からのバンクショットがゴールに吸い込まれた。ダブルエースのひとり、香西は試合前に「今日、ガッチガチだから怜央ちゃん、よろしくね」と弱音を吐いていた。シュートを選択せずに、パスにいったことが結果としては功を奏したが、それでも第1Qの香西の動きは、やはり本来の出来ではなかった。

「オレが前日のオーストラリア戦で緊張したんです。決めたいっていう気持ちが強すぎたんですね。でも負けて、リセットしなきゃいけなくて。宏昭は、韓国戦で来たんですよ。緊張が。オレだって、も

ちろん緊張しましたけど、そう言われたら大丈夫だよ、オレが行くよって言ったんですよ。余計、やらなくちゃって」

リバウンドを獲られてロングパスからのカウンターで連続失点。ジリジリと点差を広げられ、日本15点対韓国24点と、9点ビハインドで第1Qが終わった。

## 父の怒りの一言

「やばい。何とかしないと…」

父からの痛いほどの視線を感じながら、汗を拭っていた怜央は、2012年ロンドンパラリンピックの試合後の会場を思い出していた。

精一杯やったという思いと家族に会ってホッとした思いからか、試合後に白い歯を見せた怜央に父は怒っていた。

「高い金払って、負け試合ばっかり観に来てないんだよ。いい試合したね、頑張ったねで許されるところじゃないっていうことだけは、ちゃんと考えろ」

怜央の両親は共に国体に出るくらいバスケットボールが上手かった。さすがに母は、ひとつ上の姉が生まれた時には辞めてしまったが、父は社会人リーグでプレイするほどの選手だった。仕事から帰って来て、練習しに体育館に行ったり、休みの日は試合もこなしたり。

まだ小学校に入る前、小さかった怜央も、よく父に付いて体育館に行って転がったボールで遊んでいた。父の助言もあって切断をキッカケにバスケットボールを始めた怜央は、義足でコートを走っていた。その時のミニバスチームのコーチのひとりは父親だった。父は息子といえども頭ごなしな態度ではなく、穏やかな口調で優しく教えてくれたという。

「オレのバスケットボールの軸は親父が教えてくれたから。トランジションは得意じゃないけど、ハーフコートでやる連係とか、駆け引きや、フロアバランスだったりを教わりました」

バスケットボールの師匠でもある父からの一言は、負けたこと以上に、怜央の心に突き刺さった。

「親父の言葉を聞いた瞬間にハッとしたというか。バスケットボールは好きだし、代表でやることは光栄に思うし、いろんな人に感謝してやるっていうスタンスは変わらないけど、自分がもし本当に応援してて、試合を見に行った時に、楽しそうにやってるけど勝てなかった場合に、何やってるのこいつらって思うんじゃないかって。やることやってるから大丈夫って言われても、勝てなかったら意味ないって思うんですよ。今までオレは楽しんでないか、この好きなことをって考えたんですね。だったら好きなことは、もうやったし、楽しむことだってやったから、と。日本代表として結果を出すために、じゃあどこまで自分が苦しめるか試そうと思ったんです」

JAPAN

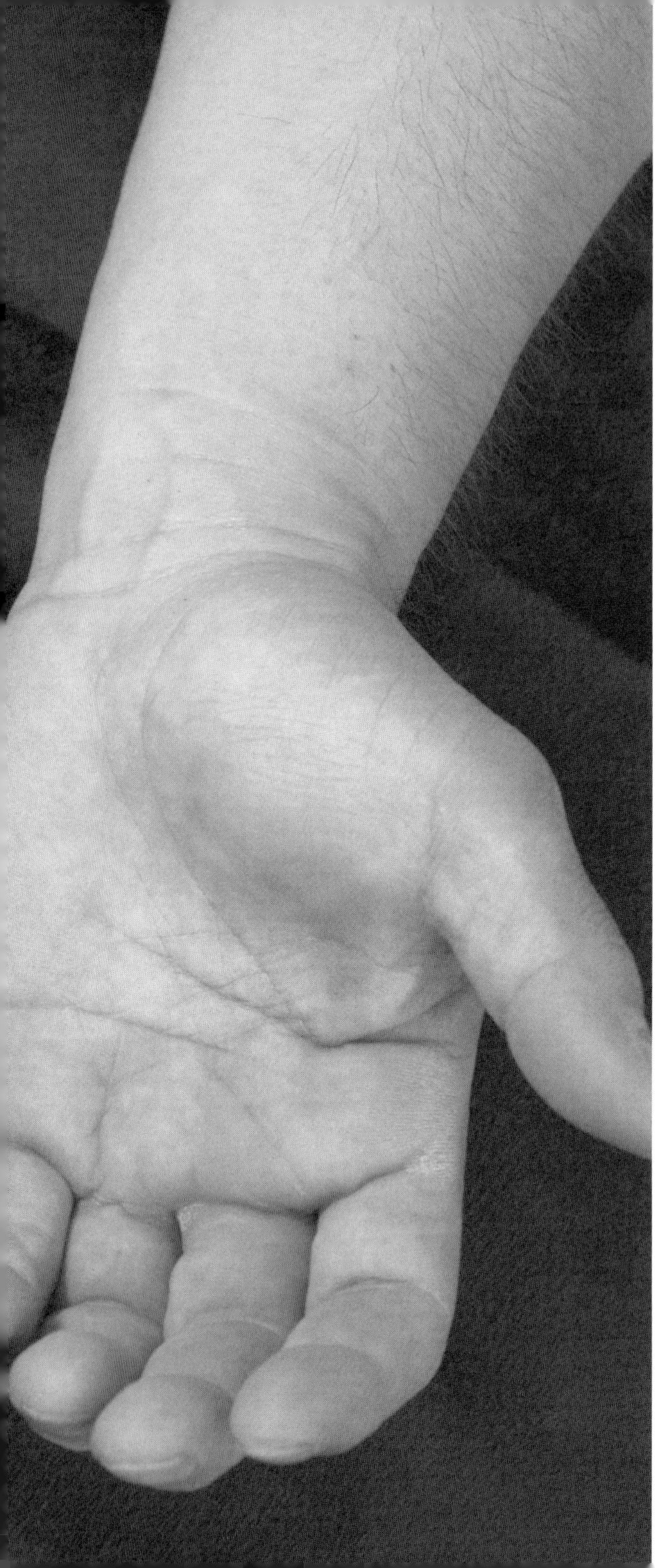

茨の道だった。苦しみすぎておかしくなりそうだった。自分から求めていたものだったが壁の高さに何度もぶつかった。それでも勝つために耐えるしかなかった。

「本当にこれから闘わなくちゃいけない時にオレは笑えない。特にパラリンピックという舞台は、競技人としては最高じゃないですか。その最高の所に、オレは4回も出させてもらって、ここで気付けなければ多分、一生気付けないとも思ったんですよ。だからオレは、ロンドンで親父が言ったことと、自分がこれで行くって決めたことをイコールで結び付けられたことは非常に良かったと思うし。藤本怜央という男が、車イスバスケットボールをやるにあたって、この闘い方でやると決めたという選択は強くなったと思うんですよ、間違いなく。是非、お試しあれとは思うけど、絶対、人には勧められない。今はもう何を言われても動じない、感じないくらいにはなったけど、最初は苦しかったからね。死のうかなと思ったし。いつも考えるのは、バスケットボールを辞めるか、死ぬことなんですよ。でもバスケ辞めたら、余計苦しむしな、と。じゃあ死んだほうが楽じゃねえかって思うんですよ。でも、待てよ。やっぱバスケ好きだよなって思うと、また苦しむところに向き合うっていう。その繰り返し。韓国に3連敗したあたりは、本当に苦しかった。まだ苦しまなきゃダメか。いや、もう苦しめねえよって」

心はギリギリのところだったが、右肘は、むしろ限界だった。シュートを打つ度に刺激痛が襲っていた。それでも打つしかない。ここで負けるわけにはいかない。無意識に痛む肘を摩《さす》りながら、第2Qの始まりを待っていた。

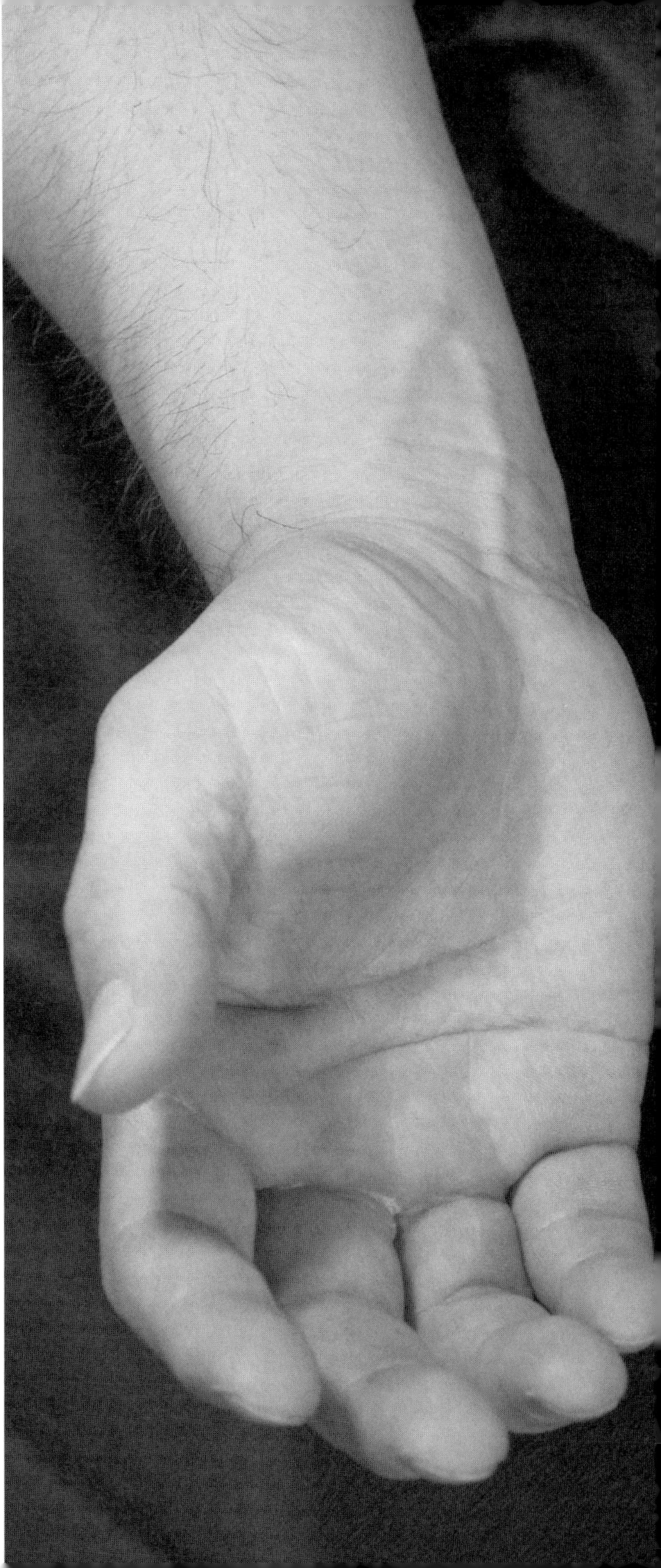

4
JAPAN
SUNTORY

## 逆転の狼煙

大歓声の中、怜央が真っ先にコートに飛び出して来た。このクォーターで離されることは、許されない。オレがやってやる。前のめりな姿勢が伝わったかのように第2Q早々から日本の逆襲が始まる。

香西からのパスをもらった怜央が、迷わずスリーポイントラインからシュート。ボールは美しい放物線を描いて、そのままネットに吸い込まれた。さらには韓国のターンオーバーからのチャンスを逃さず、連続得点。会場のニッポンコールに気圧された韓国は、ここでタイムアウトを要求する。

「あのシュートは気まぐれですよ。その前まで宏昭、スリー打たねえかなとか思ってたら、オレにパスが来て。目の前が空いてたから、ああもう決めちゃえって。たまたま入ったから良かったですけど、あそこから一気にですからね。代表はもう、お客さんが喜んでくれたらいいんですよ。自分が喜ぶんじゃなくて。自分たちが結果を出すことで、みんなが喜んでくれる。それでいいやって。そうやって考えると、苦しんでることさえ、お客さんの喜びに繋がるのであれば良しとするというね。客観的に見たら、オレらはモノだし、情なんて関係ないし。ひとりひとりで秘めた思いはあるけど、期待を背負って闘う場ではないと思うし。自分の挑戦だから。その結果で、知ってる人が喜んでくれることに対して、オレらは良かったと思えればいいっていうふうになったことを考えると、余計な思いとか、そういうものが一切なくなるし。もう無ですよね、無。バスケットだけ、みたいな」

韓国のエース、キム・ドンヒョンもしぶとかった。4年前の日本戦の試合後、歓喜に沸く日本ベンチに背中を向けるように、鬼気迫る表情でシューティングを繰り返していたのを思い出す。最終予選の屈辱は最終予選でしか晴らせない。キムの流した汗は岩をも砕くのか。日本のエース、怜央が入れたら、意地を張るようにエース、キムがすかさず入れ返す。どちらが勝つか、一進一退の攻防が続いた。勝負の行方は全くわからなかった。

「割と冷静でしたね。淡々とやってました。聞こえるのは晋平さんの声とチームメイトの声だけ。お客さんの声とか、ザアザア言ってるようには聞こえるんですよ。ザアザア、ガアガア。でもクリアに言葉として入ってこない。特にボールを持ってシュートを打つってなったら、それすらも聞こえなくなります。晋平さんの声も、チームメイトの声も、お客さんの声も、音楽も太鼓も一切聞こえない。リングに当たるか、ネットに吸い込まれた瞬間にまた、聞こえてくる」

第2Qになると香西の調子が上がって来た。怜央と香西のドイツラインが機能し始めると、ディフェンスもキムらをしっかり抑え、完全に主導権は日本。熱くなったキムがテクニカルファウルを貰い、審判に注意を受けたのとは対照的だった。

日本38点対韓国32点。日本が逆転に成功し、6点をリードして前半を終えた。少しだけ安堵した表情を見せた怜央は、肘の治療もあってロッカールームに急いだ。まだ韓国は死んでない。最後まで手を抜くわけにはいかない。自分に言い聞かせるように呟くと、また厳しい表情に戻った。闘いは半分が終わったに過ぎない。

## 義足のバスケットマン

怜央が車イスバスケットボールを初めて見たのは意外にも遅く、高校2年だった。住んでいた静岡のチームの人が、わざわざ学校まで訪ねてくれて、父の運転する車で見学に行った。中学までは普通のバスケット部に入って、スタメンでセンター。高校はさすがに、走るのが軸だからと部活には入らず、父親の所属していた社会人クラブでプレイしていた。義足のバスケットマンとして、地元では割と有名だった。そんな当時、バリバリの体育会系だった怜央の目に静岡のチームは、どう映ったのか。

「親父と一緒に行ったんですけど、全然、面白くなかった。何このスポーツって。親父にも、どうすんだって聞かれたけど、やんないね、これはって答えたし。そしたら親父が言うわけですよ。障害者になったからには、パラリンピックに出ることを夢というか、目標にしなさいと。いちおう陸上は、やってたんですよ。砲丸投げたり、やりを投げたりしてました」

高校3年の時に陸上で静岡代表に選ばれ、2001年の全国障害者スポーツ大会に出場し、見事優勝を果たした怜央。投擲《とうてき》競技は、大会始まってすぐだったので、時間を持て余していた。そんな時に、ふと車イスバスケットボールのことを思い出していた。

「単純に暇になっちゃって、どうしよっかなと思った時に、車イスバスケの全国大会だったら、見てみようかなと。ひとりで仙台市体育館に行ったんです。確か準決勝だったと思うんですが、仙台対千葉をやっていて。もうアレですよ。衝撃を受けたというか、驚いたんですね。あ、これが車イスバスケットかって。すげえ速いし、激しいし。フロアバランスをちゃんと見てパスを捌《さば》いてる人がいるし、シュートもバンバン入れてるし。仙台のバスケットが、すげえ美しくて、かつ面白そうだった。まだ車イスにも乗ったこともないし、座ってシュートを打ったことすらなかったけれど、やるならここだなって何か知らないけど、思ったんですね。国体から帰って、すぐに進路相談の先生に仙台の東北福祉大に行きたいって話しました」

何かに導かれたように静岡から遠く離れた仙台でひとり暮らしを始めた怜央。宮城MAXというクラブチームに入り、始めて1年という異例のスピードで日本代表入りを果たした。

# 歓喜の瞬間

天国か地獄かを決する後半が始まった。日本は及川晋平ヘッドコーチが「後半勝負」と考えていたように、前半は粘りながらも、相手の出方によってアジャストし微調整しながら、後半に落ちてくるところで一気に突き放すというゲームプランを考えていた。

韓国は、ほぼスタメンで闘うからスタミナが切れるはず。それに対して日本はユニット5と呼ばれるセカンドユニットを上手く使い、出場時間をシェアしながら、体力、知力を温存していた。香西からの怜央。怜央からの香西という日本最強のオフェンス。圧巻は第3Q終了間際。怜央のディフェンスリバウンドからの、懸命に走ったセンター付近への香西にピンポイントパス、そしてフィニッシュは、同じく宮城MAXに所属する豊島英がハイポインターに競り勝ち、執念のブザービーター。割れんばかりの歓声と共にリングに吸い込まれたショットは、リオへ繋がる道のように美しく、力強かった。

この時点で9点差。リレーのバトンのように、みんなで繋いだビッグプレイ。ベンチにいるメンバー全員がガッツポーズで出迎えた時、日本のリオパラリンピック出場が、はっきりと見えてきた。

その勢いを切らすことなく得点を重ねた最終Q、韓国は日本の戦略通りスタミナが切れると同時に集中力もなくなりズルズルと離されていった。試合終了へのカウントダウンが観客席から自然と巻き起こる。

「5、4…」

地鳴りのような声に合わせるかのように、コート中央で、むせび泣く怜央。

「3、2、1…ゼロ——!!」

及川ヘッドコーチ、香西宏昭らチームメイトと抱き合い、もう涙が止まらなかった。客席から見守ってくれた父に手を上げた。

「やったぜ、親父」

涙と笑顔でクシャクシャになった顔で声にならない言葉を叫んだ。

「リオ、決まりました。やっとゴールしたって感じ。実は第4Qの残り3分くらいから涙が止まらなくて。勝ちが見えたとかじゃないんです。自分たちが、こんなにも強くなったんだと思ってジーンときたんです。特にユニット5は日々、葛藤してたし、彼らの成長なくして日本代表の底上げはないですから。最後に及川ヘッドコーチには、この素晴らしいメンバーを選んでくれてありがとうと言いたいです。感謝してもしきれないです。リオパラリンピックでは、日本代表としてもっと質の高いバスケットボールができるように頑張りたいと思います」

アジアオセアニアチャンピオンシップ3位決定戦、日本80点対韓国56点。日本、リオパラリンピック出場決定。

IWBF
4

4
JAPAN
SUNTORY

JAPAN
SUNTORY

## 10年振りの大井川

リオパラリンピック出場を決めた怜央は、休む間もなくドイツに渡りBGハンブルクの一員としてブンデスリーガのシーズンを迎えた。さらに日本代表として、国内合宿や海外遠征と忙しい毎日を送っていた。

走り続けてきた怜央だったが、ついにはオーバーワークもあって右肘が悲鳴をあげ、ドクターストップがかかってしまう。

身体を動かすことができなかった怜央は久しぶりに実家へ帰って、ゆっくりしようと決めた。実家は玄関を出ると左に山が広がり、右に大井川といった絵に描いたような自然の中にあった。

夏休みはいつも、友だちを誘って大井川で1日の大半を過ごしていた。泳いだり、魚を釣ったり、飛び込んだりして遊んでいた。結構な高さの岩場から下を見ると、キラキラと水面が光って綺麗だった。底のほうでは鯉やナマズが気持ちよさそうに泳いでいた。

「10年振りに大井川行きました。すげえ暑い日だったんで、浅い所に平たい石をベッドみたいに並べて、背中の方を水に浸しながら、日焼けして。バスケットのことを何も考えずに、ぼーっとしました。貴重な時間でしたね」

昼は大井川で、のんびり過ごし、夜は母が作ってくれたお肉と

シーフードがミックスした具沢山のお好み焼きを頬張った。束の間の休息だったけど、それで十分だった。怜央は心もお腹も一杯になって、決戦の地リオでの闘いに思いを馳せた。

「やるしかねえな」

大井川からの風が、怜央の頬を優しく撫でた。

## リオパラリンピック

9月、リオパラリンピック。日本代表は予選リーグを1勝4敗で終え、最終戦はイランとの順位決定戦に勝利し、9位で終えた。

「苦しむことに向き合って、最高の舞台でバスケットができて、今までで一番楽しむことができました。結果は出なかったけど、4年間やってきたことは正しかったって思えたし。準優勝したスペイン相手にも、勝ちに行ったし、現に勝てる可能性もあったから。その事実を見たときに、間違いなかったと確信した。そう思った瞬間に、もう一回苦しんでもいいかなって。リオでは、やっぱり肘は痛くてきつかったけど4年分の痛みも背負って闘うって決めてました」

どれだけ痛くても、肘を伸ばし続け、拳を握り続け、走り抜けたリオパラリンピック。6位以内という目標は果たせなかったものの、その闘い方は、日本が世界基準に上がってきたことを証明するものだった。

## 父からの言葉

長い闘いが終わった。ロンドンパラリンピックが終わってから4年。常に父親に言われた言葉と向き合ってきた。

「高い金払って、負け試合ばっかり観に来てないんだよ。いい試合したね、頑張ったねで許されるところじゃないっていうことだけは、ちゃんと考えろ」

自分は、やれたのだろうか。

父は怜央を居酒屋に誘った。家族や身内も参加しての、簡単なリオお疲れさま会。

ワイワイガヤガヤと食事をする最中、父親は怜央の目をまっすぐ見て、ポツリと言った。

「頑張ったな」

4年間、厳しい道を選び、人知れず努力してきた。死ぬこともよぎるほどの苦しみに耐えて、最終予選では韓国に勝ってリオの切符を取ることができた。右肘は限界だったけど、最高の舞台で逃げることなく必死に闘った。父親からの言葉が自分を支えてくれた。さすがにリオは遠すぎて来てはもらえなかったけど、毎晩夜中に起きて、眠い目を擦りながら、全試合テレビの前で応援してくれていた。

ああ、オレ頑張ったんだ。間違ってなかったんだ。

溢れる涙をごまかすように、目の前のグラスを一気に空けた。久しぶりのビールは、疲れた心と身体に染み渡るようだった。

「親父、明日から、ドイツに戻るよ。このままじゃ、まだ終われないから」

「ハッピーバースデートゥーユー」

特大のバースデーケーキが運ばれてきた。リオから日本に帰る飛行機の中で33回目の誕生日を迎えていた怜央にファミリーからの、ささやかなサプライズだった。誰もが笑顔で怜央の顔を見ていた。怜央もまた、とびきりの笑顔だった。

「また次、頑張るよ」

明日から、また新しいスタート。間違いなく険しい道が待っている。それでも進もうと決めた。振り返らずに、前だけを向いて。その道が東京パラリンピックの表彰台に続くことを信じて――。

**PROFILE**

1983年9月22日、静岡県出身。宮城MAX所属。ポジション：センター。キャプテンでエースと日本代表の大黒柱。パラリンピックはアテネから4大会連続出場。大好きなポテチ（うすしお味）を減らし、肉体改造にも成功し、プレイの幅を広げた。

裸のレオ。

©アフロ

REAL × Rio コラム column ❸

世界トップの車イスバスケリーグで日本人選手たちが活躍!

# ドイツ ブンデスリーガとは何か!?

WHAT IS THE BUNDESLIGA?

## 今シーズンは6名の日本人選手がプレイ!

有力選手が集まるドイツのブンデスリーガは、世界でもトップの車イスバスケリーグ。藤本怜央、香西宏昭、千脇貢の3人はハンブルクでプレイしている。これに加えて今シーズンは豊島英、村上直広、女子のエース網本麻里がケルンに所属し、合計6人の日本人選手が参戦することになった。

車イスバスケの人気が高いドイツでは1〜5部リーグまであり、1部と2部がブンデスリーガと呼ばれている。1部リーグは9月下旬から4月上旬までがシーズンで、10チームによるホーム&アウェーの総当たり18試合で順位を決め、上位4チームがプレイオフ進出、下位2チームが2部へ降格する。

通常のリーグ戦の他、すべてのチームが参加して国内王者を決めるドイツカップ、1〜4のディビジョンに分かれてヨーロッパ王者を決める大会ユーロカップもある。サッカーにたとえると、ドイツカップは日本の天皇杯、ユーロカップはチャンピオンズリーグになる。

ドイツリーグの特徴は男女ミックスであること。コート上5人の合計持ち点は、国際ルールより0.5高い14.5点で、女子選手は持ち点マイナス1.5で計算する。つまり4.5点の網本は3.0の持ち点で出場できる。ちなみに健常者の出場も可能で持ち点は4.5となっている。

写真提供:NPO法人Jキャンプ

## チームの運営母体はサッカーと同じ

ヨーロッパでは総合型地域スポーツクラブが複数のスポーツのチームを運営している。ハンブルクの場合も地域のスポーツクラブがサッカーのハンブルガーSVや車イスバスケチームを運営している形。それぞれのチームが地元の団体・企業のサポートを受けていて、車イスバスケのスポンサーは大きな病院。正式チーム名はその名前を取って「BGバスケッツハンブルク」となっている。藤本・香西・千脇の3人には、この病院の職員や長期入院患者さんの家族が宿泊する居住棟に部屋が用意され、病院の職員食堂などの施設も利用できる。

永久保存版

# リアルお蔵出し
# O・K・U・R・A・D・A・S・H・I

1999年に産声を上げた「リアル」は、既刊14巻と積み重ねてきた。

まだタイトルも決まる以前に緻密に作り上げたキャラ表や、それこそ原稿になる以前の、
いわゆるネームと呼ばれるもの…「リアル」は一切世に出ることなく机の奥底に眠っていた。

井上雄彦はその時、何を考えてストーリーを作成していたのだろうか…。

決して明かされることのなかったお蔵入りの一部が今、日の目を見る———。

**キャラ表**

キャラクターの設定のこと。
まだ名前も決まってないことが走り書きからもわかる。
今から17年前の貴重なラフコンテ。

# 戸川清春

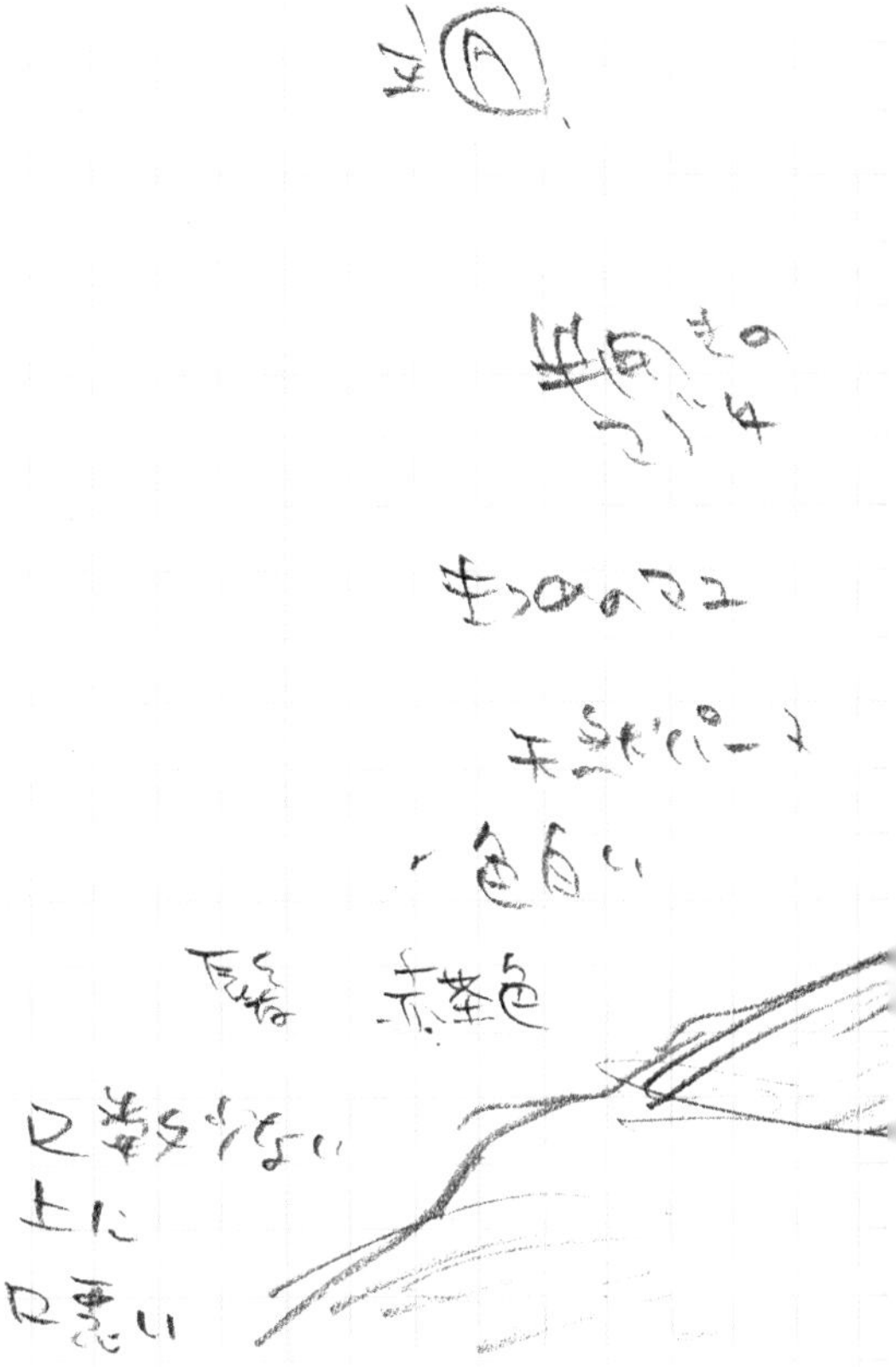

# 野宮朋美

KOBEの
えいぞうで
アクロにくて

でも
根は明るくて
いい奴

ナンパしただけの
ビーでもいい女を
バイクにのせて
事故って
車イスに
してしまった

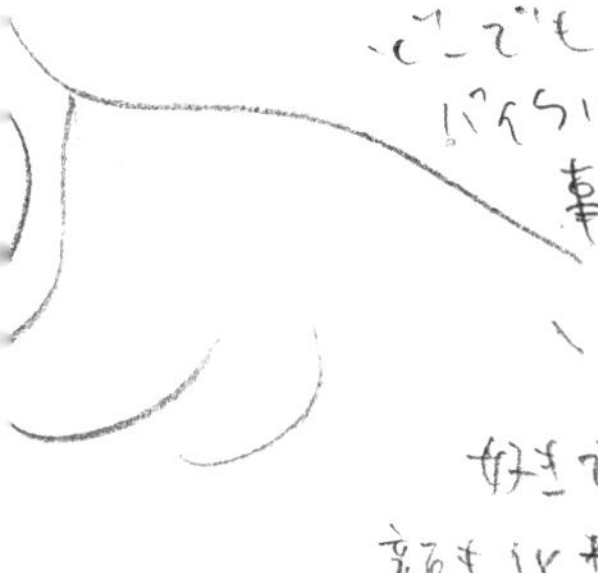

好きでもないし
顔も化粧とったら
ヘブーしょーっていうち

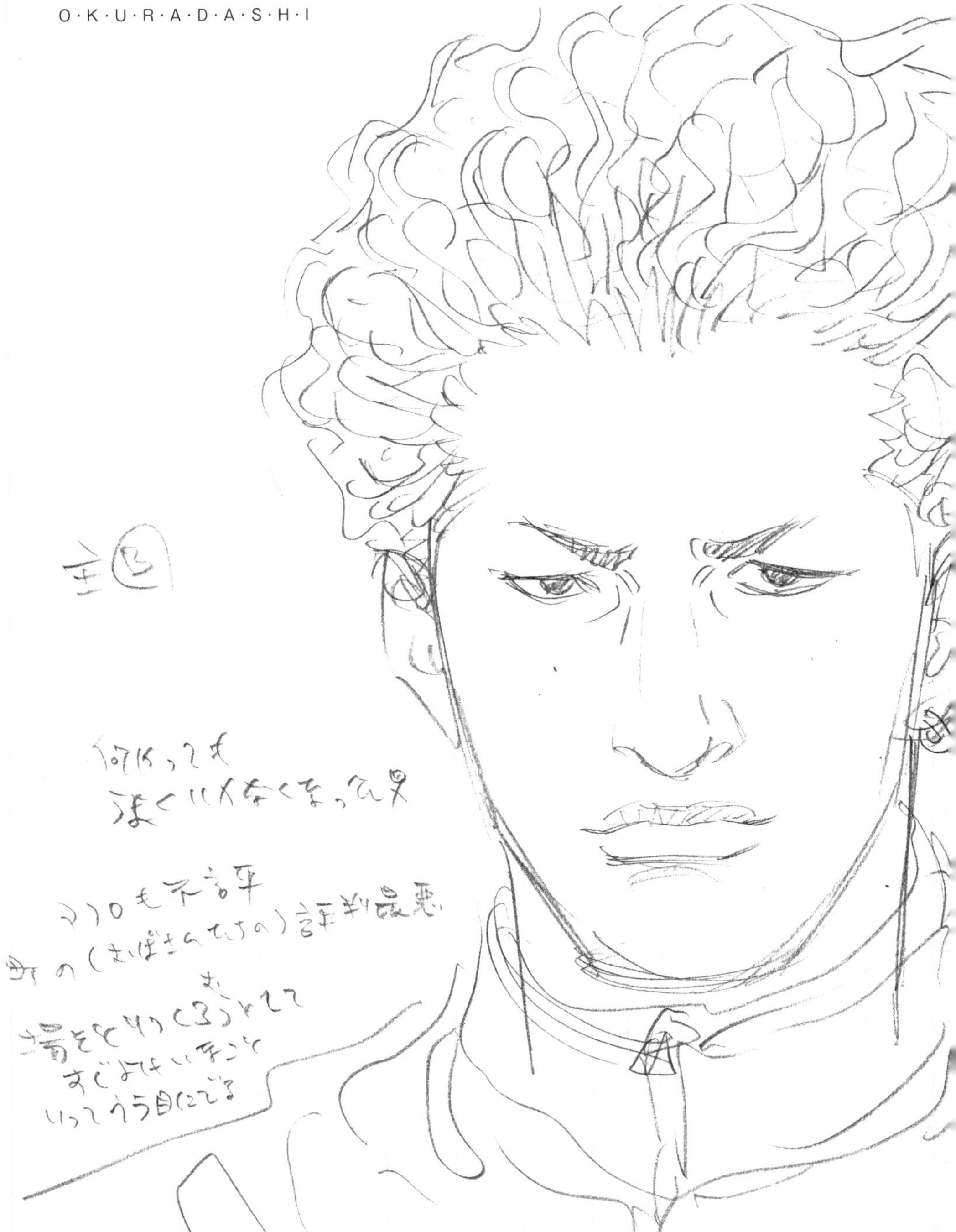
何やっても
うまくいかなくなった男
ソロも不評
町の(おばさんたちの)評判最悪
場をとりつくろうとして
すぐよけいなこと
いってうら目にでる

# 山下夏美

その女
笑わない
しゃべらない
ナゾの女
まーもともと ゆきずりだし
⑬からいえば そういえば ナンパされたとき どんなかんじだったか全然思い出せない ナゾ

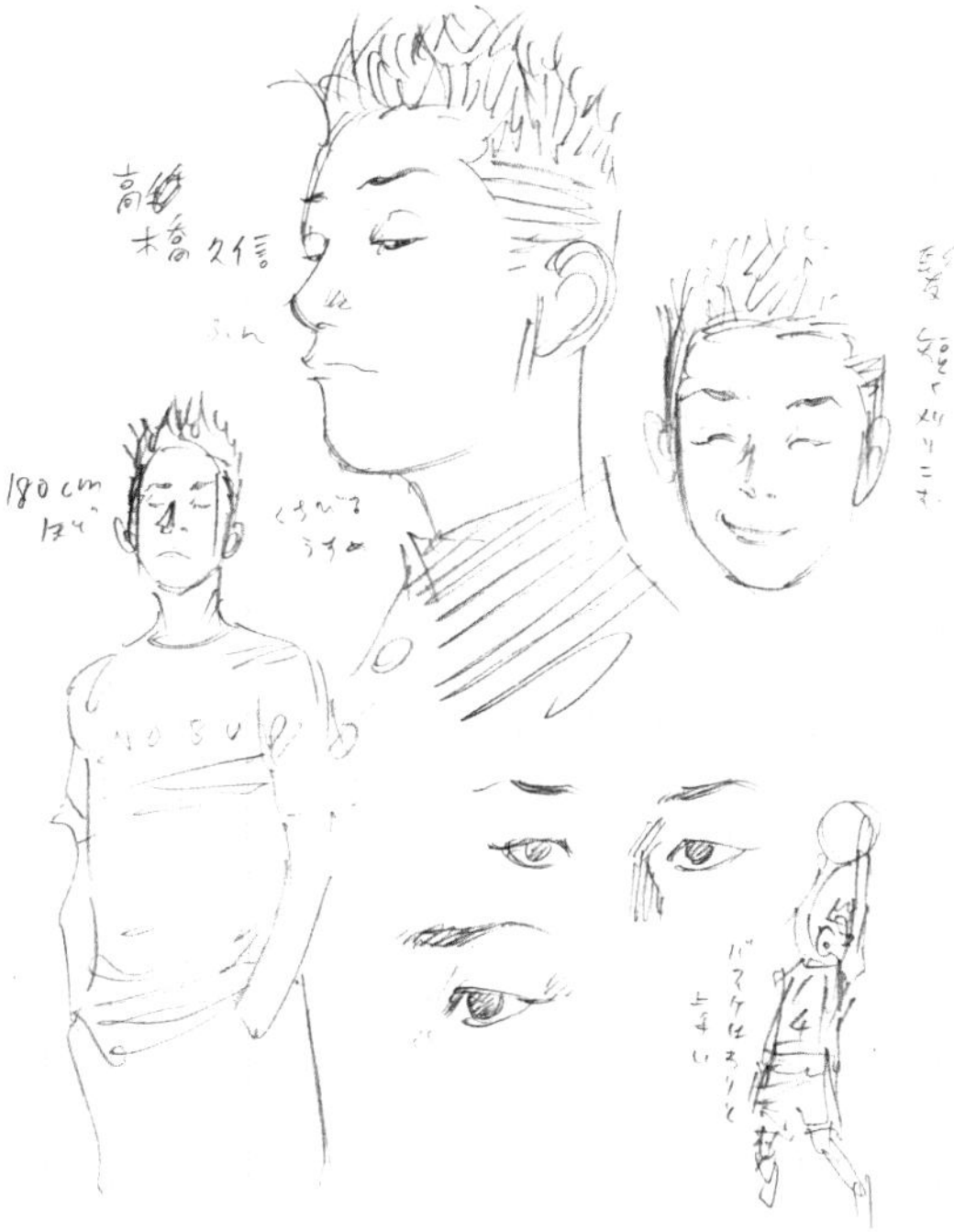


# 高橋久信

# 安積久美

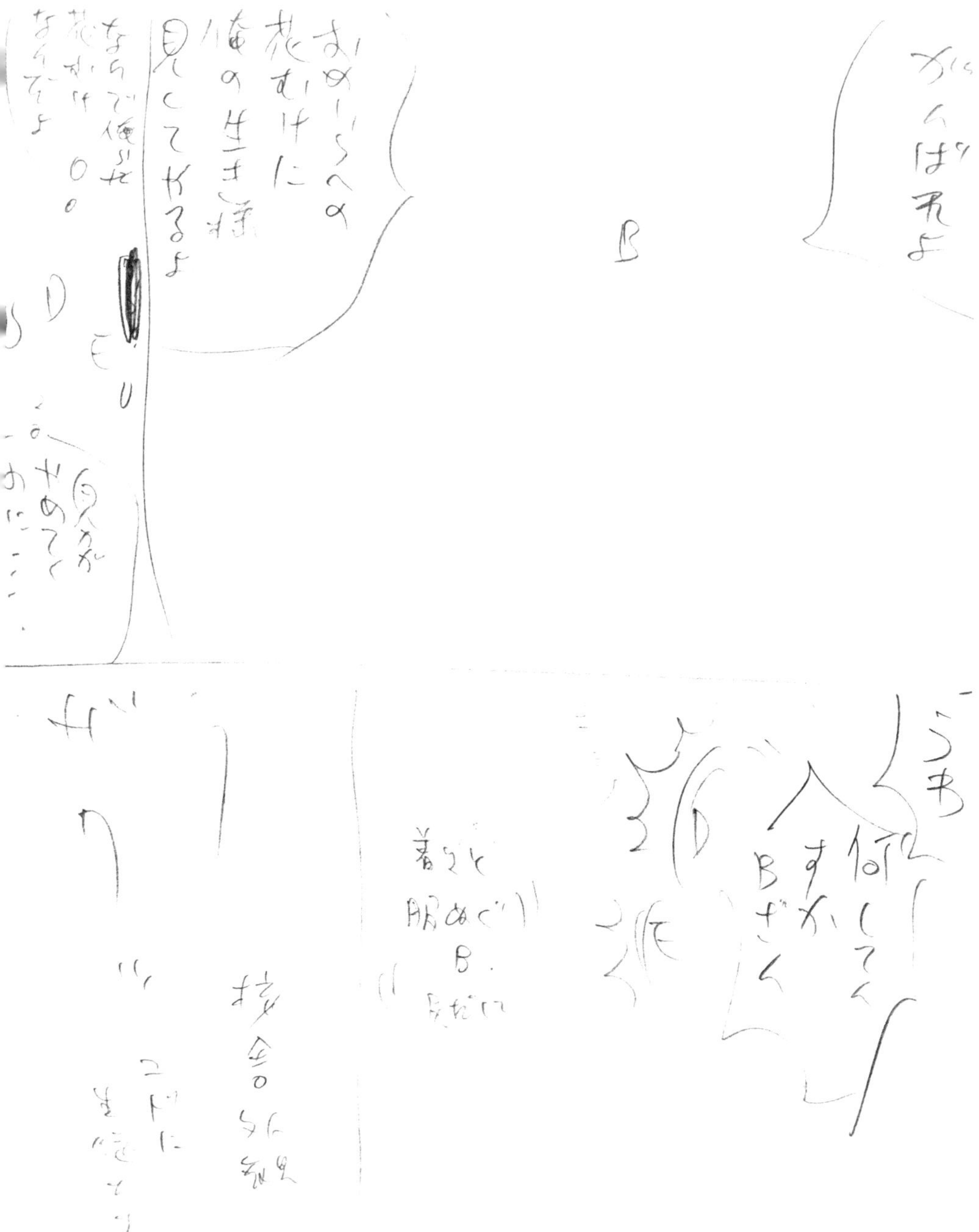

**ネーム**

原稿用紙に絵を入れる前にストーリーを考え、
そこからコマ割りや台詞をラフに構築する作業をネームという。
完成した原稿と見比べてみよう。

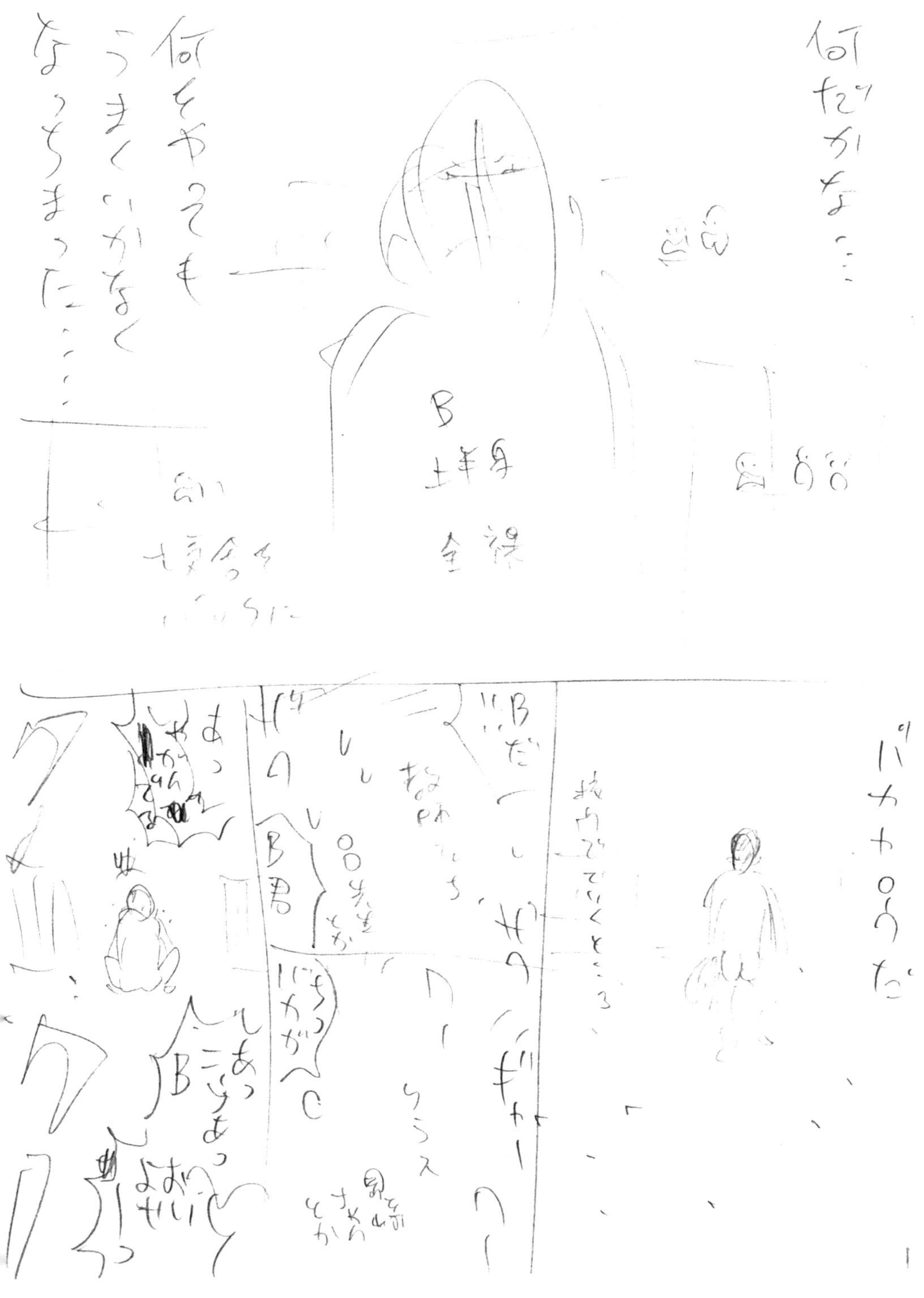
何だかなぁ…
何をやっても
うまくいかなく
なっちまった……
B
上半身
全裸
ちっ
バカが

目あけて
高場
up,

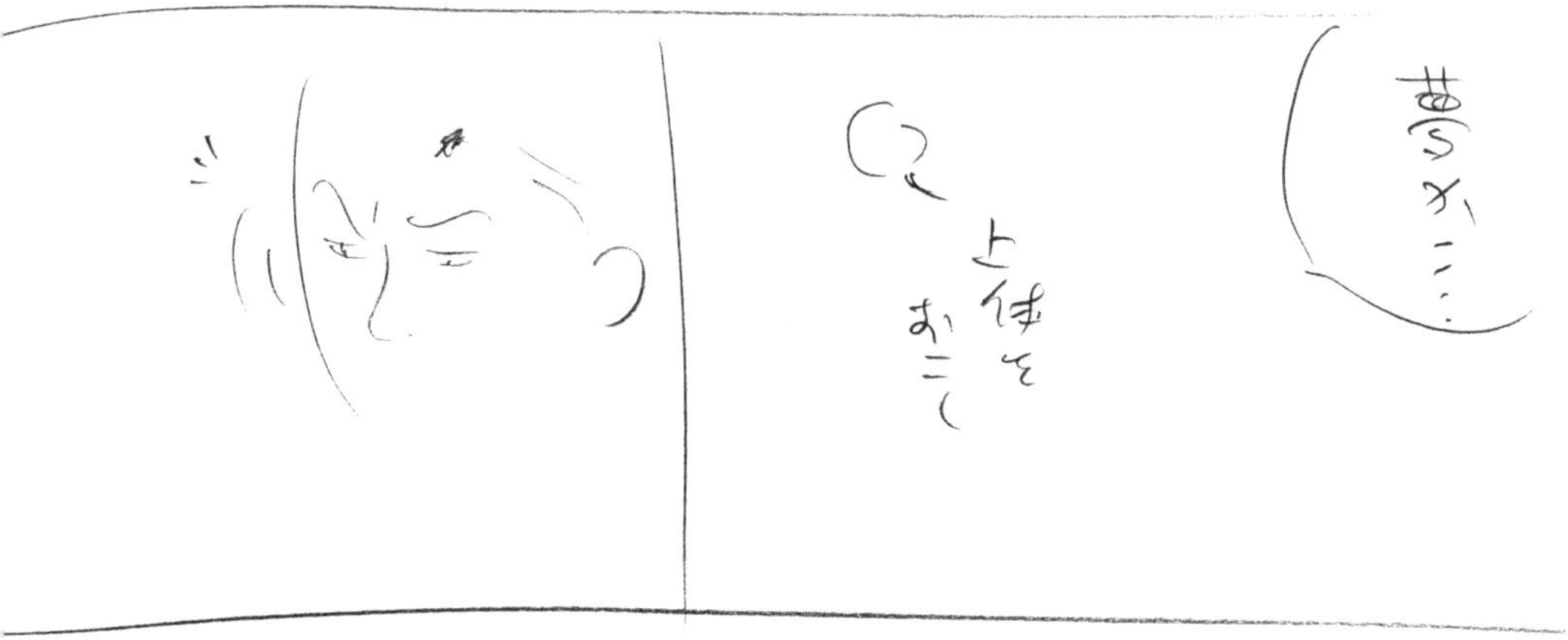


ヒザでまげた
状態で
うつ伏するほど足がぐるぐるまきに
固定されてる

パンツ一丁



6

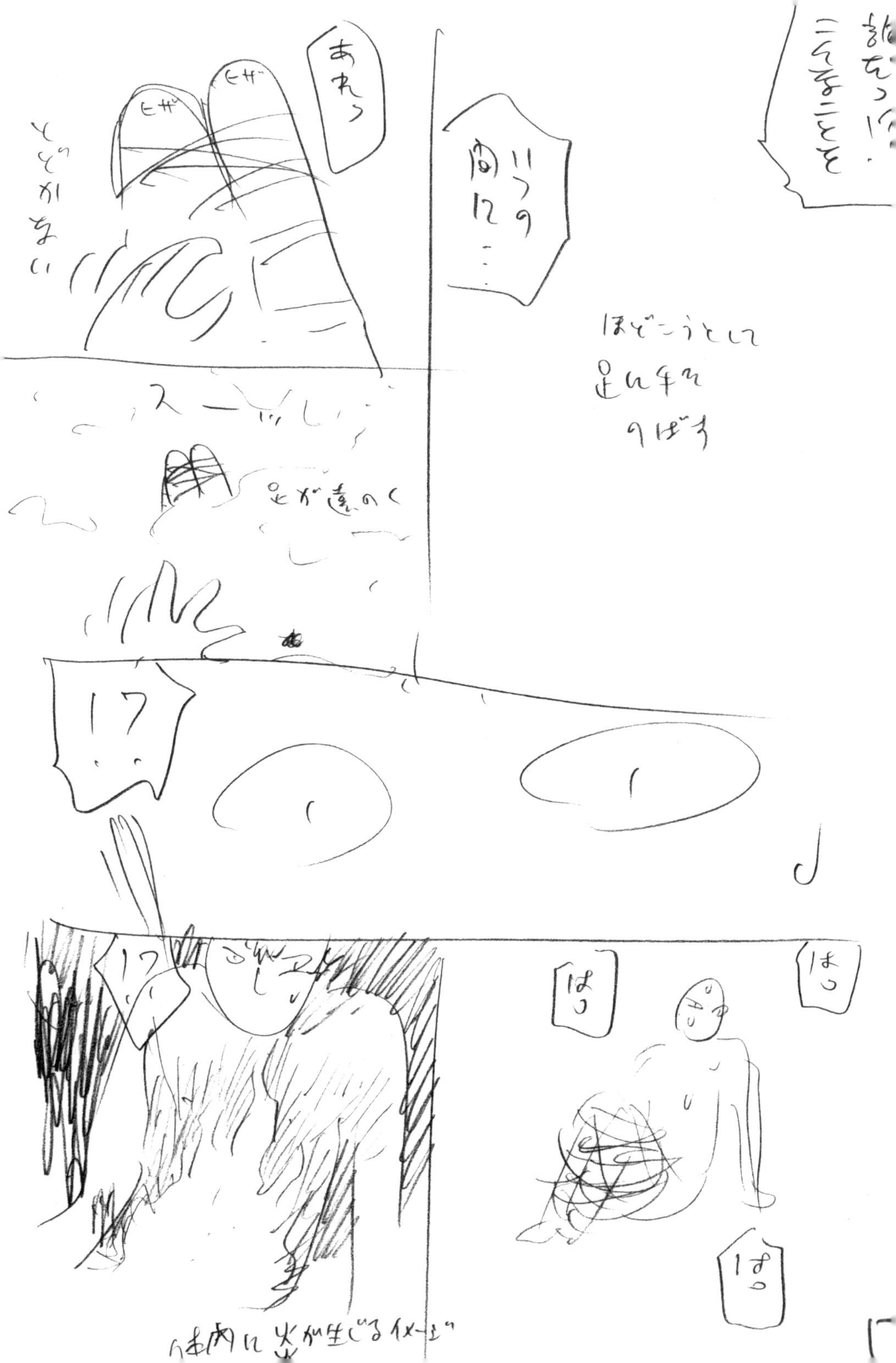

誰だっ!?
こんなことを
川の
向に
…
ほどこうとして
足に手を
のばす
あれっ
ヒザ
ヒザ
とどかない
スーッ
足が遠のく
!?
!?
はっ
はっ
はっ
体内に炎が生じるイメージ

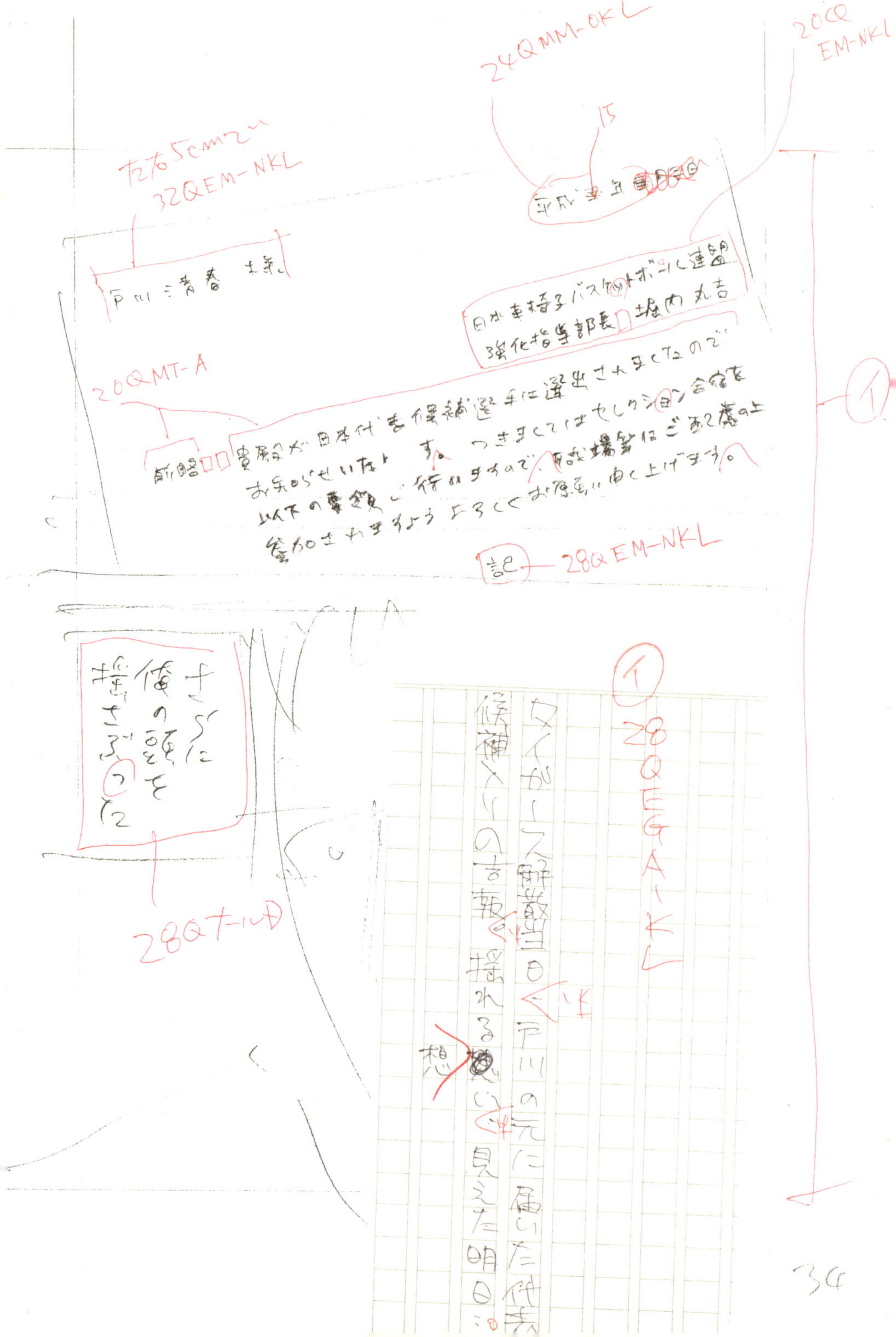
戸川清春 様
日本車椅子バスケットボール連盟
強化指導部長 堀内丸吉
前略 貴殿が日本代表候補選手に選出されましたので
お知らせいたします。つきましてはセレクション合宿を
以下の要領で行いますので、万障お繰り合わせの上
参加されますようよろしくお願い申し上げます。
記
さらに俺の頭を揺さぶった
チームが解散した当日 戸川の元に届いた代表
候補入りの吉報 揺れる想いに見えた明日…

**ネーム指定**

届いたネームに書体、Q数を赤ペンで指定して写植屋さんに渡す。
これをネーム指定という。まだアナログだった時代の名残がみてとれる。

## 扉絵はどっち?

2009年YJ24号の「リアル」カラー扉のカット候補のラフコンテ。
熟考の末、井上雄彦が描いた野宮は果たしてどっち?
A or B

A

B

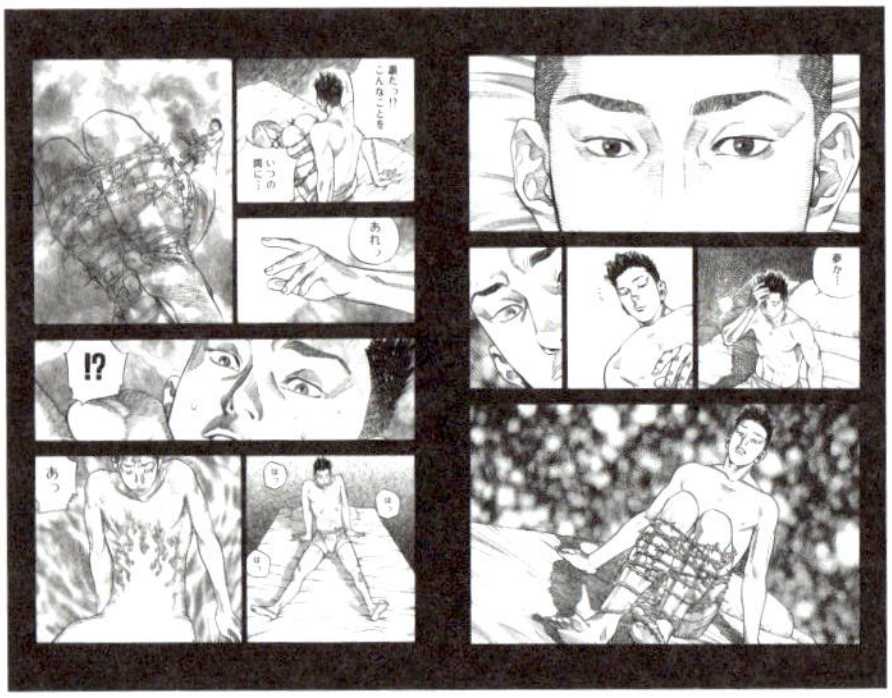


高橋久信が昏睡状態から意識を取り戻す直前の描写。1巻P174。
実際の完成原稿がネームと微妙に違ってるのが、おわかりだろうか…。

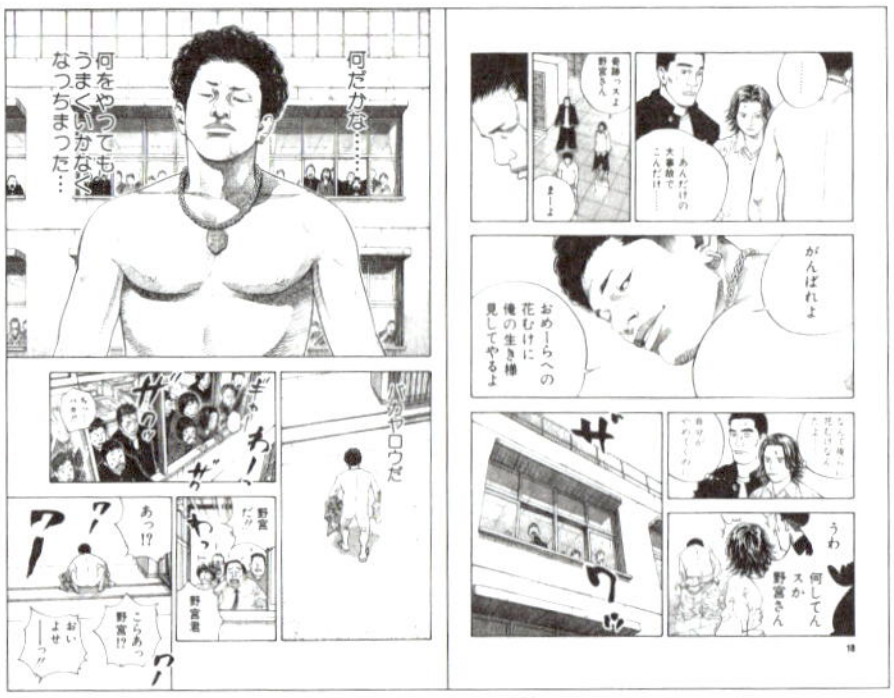


ネームでは大ゴマだった部分に、野宮と関、柾《まさき》の会話を追加で描き加えている。1巻P18。退学になった野宮が立つ鳥跡を濁すシーン。

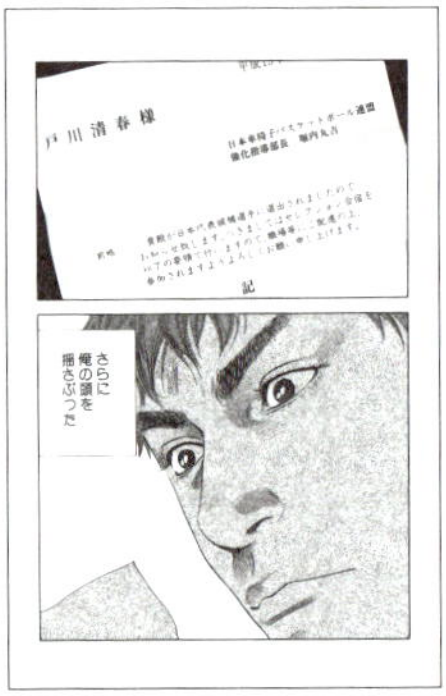


4巻P70。担当編集が書体と文字の大きさを決める。雑誌掲載時には、あおりと呼ばれる柱も入る。

上の手紙の文字や俳句文字等、通常でてこないシーンだと書体に迷う。同じく4巻P55からの抜粋。

カラー扉になったのはB!

金剛力士的なカットは結局、ボツに。

ネームから下書き、ペン入れ、仕上げとマンガ原稿が出来上がるまでにはたくさんの工程が存在する。

また完成原稿になるまでに、初めのネームと変わっていることもわかっていただけただろうか?

「リアル」初のお蔵出し、みんなの声によっては第2弾もあるかも…。

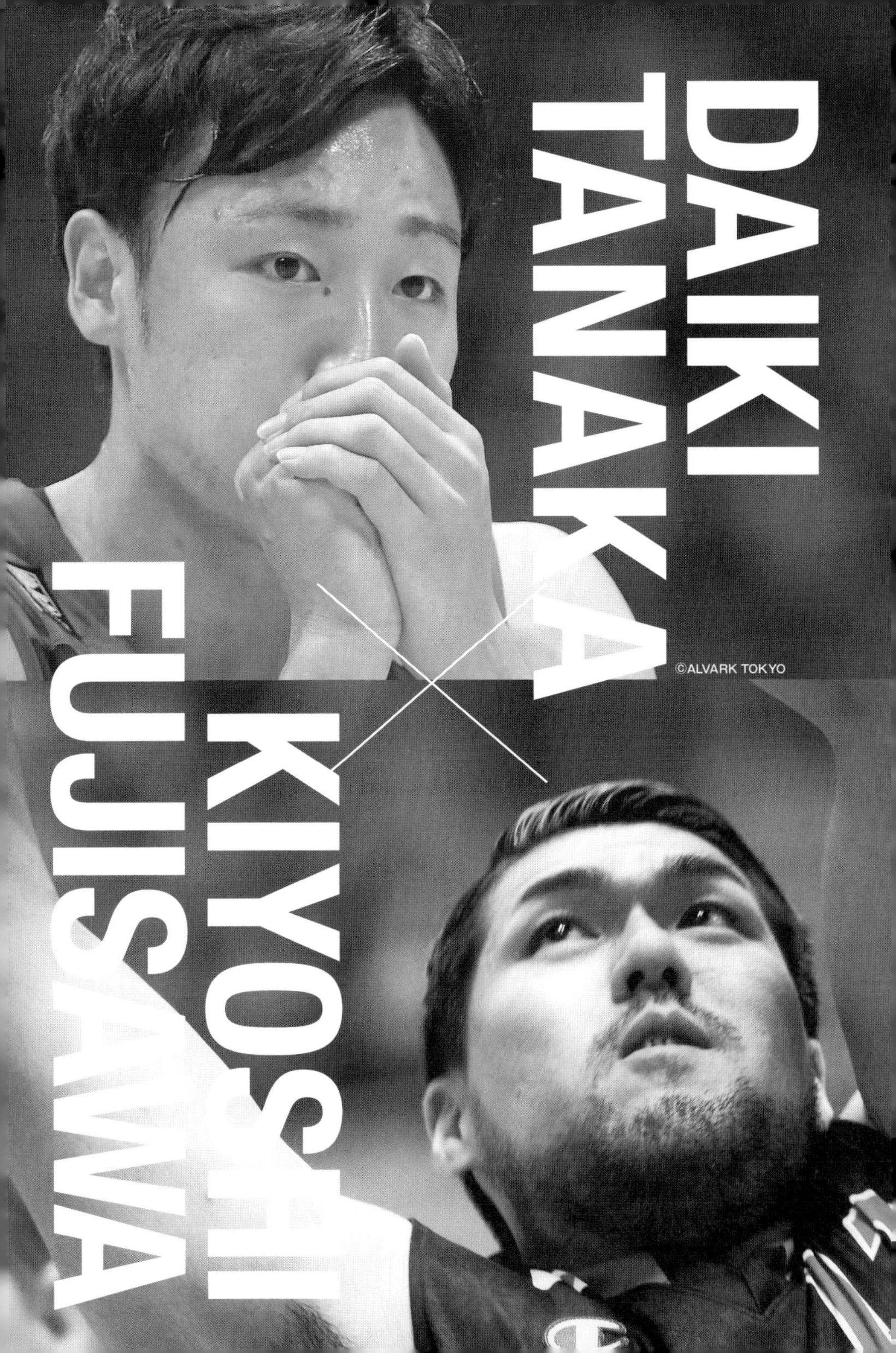

©ALVARK TOKYO

［オリ×パラの邂逅・スペシャル対談］

# 語ろう、

熱かったリオが終わり、
東京2020が日1日と近づいてくる。
バスケットボール界は、Bリーグが始まり、
ますます盛り上がり、注目される。
そんな中、東京に向けて、2人の男がコートで交錯する。
オリンピック、パラリンピック、
それぞれの日本のキーマンが語る
ラブ・バスケットボール。

## 藤澤 潔

［シンペーJAPAN］

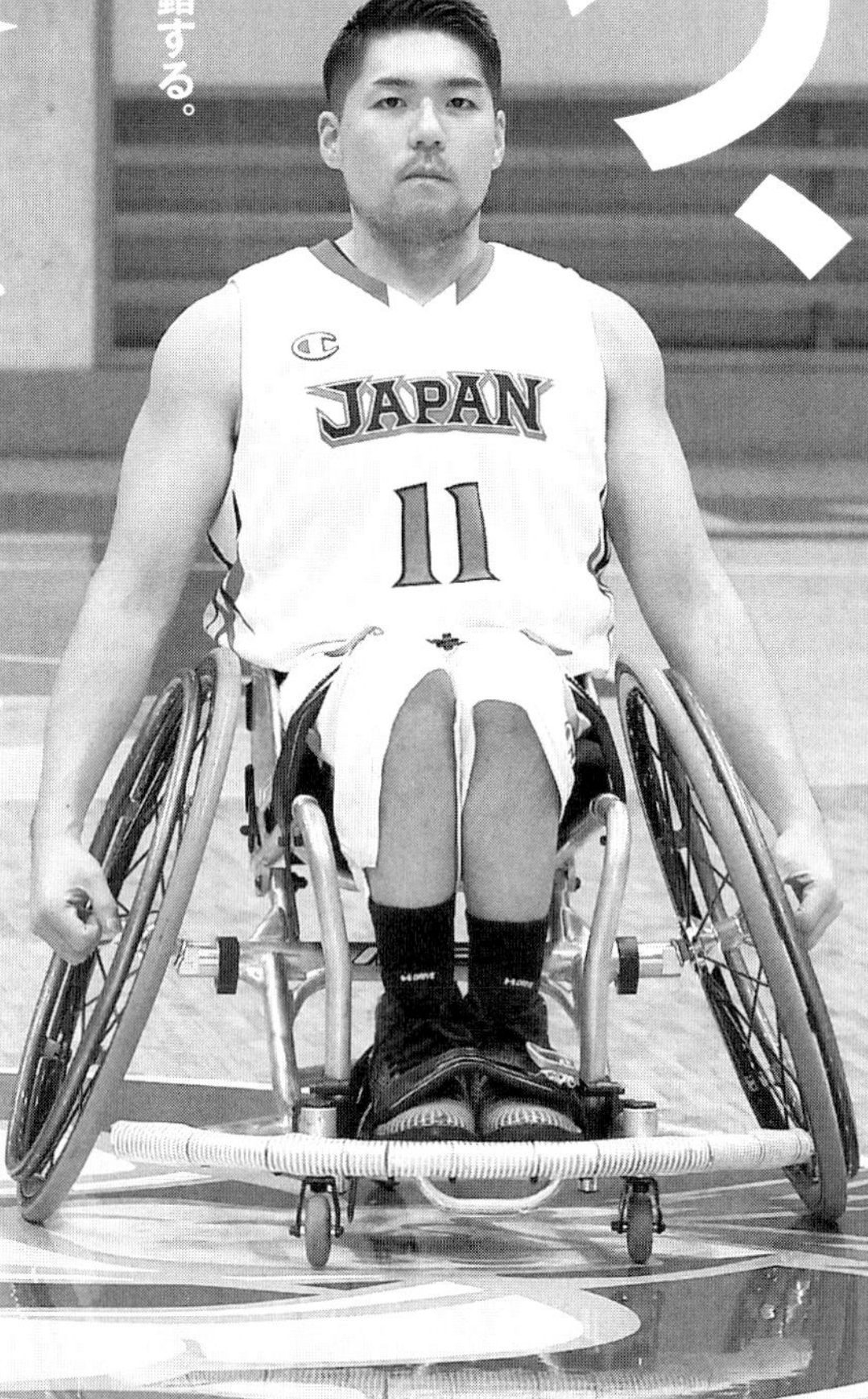

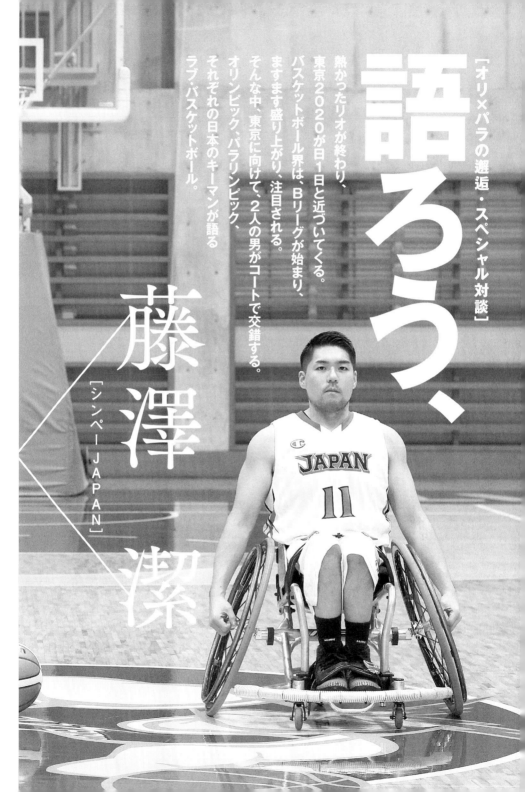

# バスケのこと

## 田中大貴

［アルバルク東京］

## 日本バスケ界に大革命！Bリーグがついに開幕!!

**藤澤**　Bリーグが開幕しましたね。おめでとうございます。これで日本のバスケ界が、もっと盛り上がっていきそうですね。車イスバスケにもいい刺激になります。

**田中**　ありがとうございます！　たくさんの取材を受けていろいろなメディアに取り上げてもらったりと、これまでのシーズン開幕とは状況がまったく違いましたね。個人的にはプレッシャーはほとんど感じてなくて、楽しみの方が大きかったんですけど、さすがに開幕戦は緊張しました（笑）。

**藤澤**　やっぱり雰囲気が違いましたか？

**田中**　コートに入って周りを見たときにお客さんがいっぱいで、大歓声。今まで見たことのない景色に鳥肌が立ちました。嬉しかったし、プレイするのが楽しかったですね、純粋に。

**藤澤**　僕も初出場だったリオパラリンピックでは同じような感じでした。見たことのない風景がバーンと広がってて。子どもの頃から夢見ていた憧れの舞台はこれだったのかと。

**田中**　テンションが上がりますよね。

**藤澤**　僕はアルバルクの試合は時々観戦しに来てるんです。昨シーズンに代々木第二であった、「ENERGY MATCHDAY」も観ましたよ。MCが入って音楽を流しながら解説もあって。

**田中**　MAMUSHIさんの！

**藤澤**　そうです。ゲームはハードだけど、イベントはショーアップされていて、観客としてその空間にいるのが楽しかったですね。まだ車イスバスケは観客があまり多くないので、あんな華やかなところで、たくさんのお客さんの前で試合ができるのが、すごくうらやましかったです。

**田中**　Bリーグが始まって、これまで以上に各チームがいろいろ凝った演出をするようになっています。お客さんにも好評みたいです。藤澤選手もぜひ、今シーズンもアルバルクのゲームを観にきてくださいよ。

**藤澤**　ヨメさんと子どもと一緒に行きますよ。Bリーグは家族みんなで観戦に行って楽しめますもんね。車イス席もあるし、サポートのスタッフもいてくれるので、僕たち障害者も安心して行けます。

KIYOSHI FUJISAWA

**PROFILE**

1986年7月26日、長野県出身。埼玉ライオンズ所属。ポジション：シューティングガード。05年世界ジュニア準優勝の黄金世代のひとり。安定したシュートとディフェンス、そしてヘアスタイルは何があっても乱れない。

## 英語のコミュニケーションがバスケには必要だ!?

**藤澤**　初代Bリーグ王座を狙うアルバルクはどうですか?

**田中**　今シーズンは6人の新しい選手が入ったので、まだまだ手探り。昨シーズンまでの完成されたチームとは違って、シーズンを通して成長しようというチームですね。

**藤澤**　えっ、優勝候補なのにですか!?

**田中**　伊藤ヘッドコーチは「まだ3割4割しか完成していない」と(笑)。

**藤澤**　現時点でも強いチームがゲームをこなす中で熟成されてさらに強くなっていく。今シーズンのアルバルクはチームとしての成長を見る楽しみもありそうですね。そういえば、伊藤HCの指示がすべて英語だというのはホントですか?

**田中**　そうなんです。伊藤HCはずっとアメリカにいたので、感覚はアメリカン。日本人の伊藤HCの話す英語を日本人ではない通訳の方が日本語に直すという、不思議な感じのコミュニケーション(笑)。

**藤澤**　僕らもリオで日本代表を率いた及川晋平HCが、アメリカでコーチングを学んだ人なんで、ミーティングではかなり英語が飛び交いました。配布される資料もタイトルやキーワードなんかは英語が多いので、わかんない単語はあとでこっそりネットで調べる(笑)。

**田中**　チームには英語を話す外国人選手もいるので、英語が上達するんじゃないかって思ったんですけど、実際はそうでもなかった(笑)。バスケ用語はだいたいわかるので、コート上の指示は理解できるんですが、自分の意思を伝えるのが難しい。

**藤澤**　外国のチームと対戦すると、日本人は英語がわからないと思われているのか、汚い言葉を言われたりしますよね。

**田中**　しますね。さすがにそれぐらいわかるよって(笑)。でも彼らは日常会話の中でも普通にその言葉を使ってたりもしますからね。

**藤澤**　ゲーム中に興奮してると、腹が立つことはありません?田中選手は言い返したりはしませんか?

**田中**　いやいやいや……(笑)。

**藤澤**　僕は同じ言葉を言い返しちゃいますよ。相手が聞き取れないくらいの小声でなんですけど(笑)。

DAIKI TANAKA

**PROFILE**

1991年9月3日、長崎県出身。アルバルク東京所属。ポジション：シューティングガード。東海大時代はMVPを始めとする数々のタイトルを獲得。Bリーグ初代王者を目指すアルバルクの顔。オールラウンダーが魅力。

# 日本代表の未来を担う2人がバスケ界をさらに盛り上げる！

## 田中大貴選手が初めての車イスバスケ体験！

**田中**　リオパラリンピックはテレビで観ましたよ。すごくバスケとしてのレベルが高いし、かなりのスピードでぶつかったり車イスごと倒れこんだり、プレイがとにかく激しい。思わず「危ない！」って声が出ました。

**藤澤**　パラリンピックは特別に当たりが厳しいですからね。

**田中**　外国にはすごく大きい選手もいましたよね。やっぱりサイズのアドバンテージが出やすいんですか？

**藤澤**　トルコには2ｍを超える選手もいました。車イスはジャンプもスライドもできないので、そのサイズの選手にインサイドを取られたらキツイですね。

**田中**　同じように車イスに乗っても、いろんな障害の選手が出場していたように思ったんですけど。

**藤澤**　車イスバスケって、障害の程度や種類によって選手一人ひとりに1・0点から4・5まで持ち点が設定されるんですよ。それにコート上の5人の合計が14点以内というルールがあるので、障害の異なる選手が出ることになるんです。僕は障害が重い方で2・0です。

**田中**　高さじゃなくて、障害で決めるんですね。

**藤澤**　そうです。僕は腹筋もすごく弱いので、（お腹を見せながら…）ほら、だるんだるん（笑）。車イスを漕ぐのは問題ないんですけど、身体を前に倒したり横にひねったりすると簡単にバランス崩しちゃうんです。

**田中**　さっき車イスを借りて少し一緒にやらせてもらいましたけど、すごいスピードでまったくついていけなかったですよ！

**藤澤**　僕、代表では遅い方なんですよ。足の踏ん張りも腹筋も利かないから、前傾して漕げないですし。

**田中**　ほとんど腕だけでプレイしているってことですね。腕は乳酸が溜まりまくって、かなり疲れますよね？

**藤澤**　はい。思いっきりプレスで走ってフルブレーキして、パスもらってシュートを打つってことをゲームの間ずっとやらなきゃいけないですからね。

**田中**　疲れるとシュートにめちゃくちゃ影響出そう…。

**藤澤**　影響します、します。終盤はいつも苦しいです。

**田中**　手のひらとかは？

**藤澤**　皮が厚くなったのか今は大丈夫ですけど、始めた頃は車イス操作の練習で皮がむけてボロボロになりました。

**田中**　車イスからのシュートも難しかったです。

**藤澤**　いやいや、普通に届いてましたよ。しかもスリーが（笑）。下半身が使えないから、バスケ経験者でも初めての人は届かないんですよ。腕だけで投げようとしてフォームがバラバラになるんです。フォームも自然で乱れていなかったですね。

**田中**　いや～シュート打つだけでも怖かったですよ。反動で後ろに倒れるんじゃないかと（笑）。

JAPAN
1

JAPAN
1

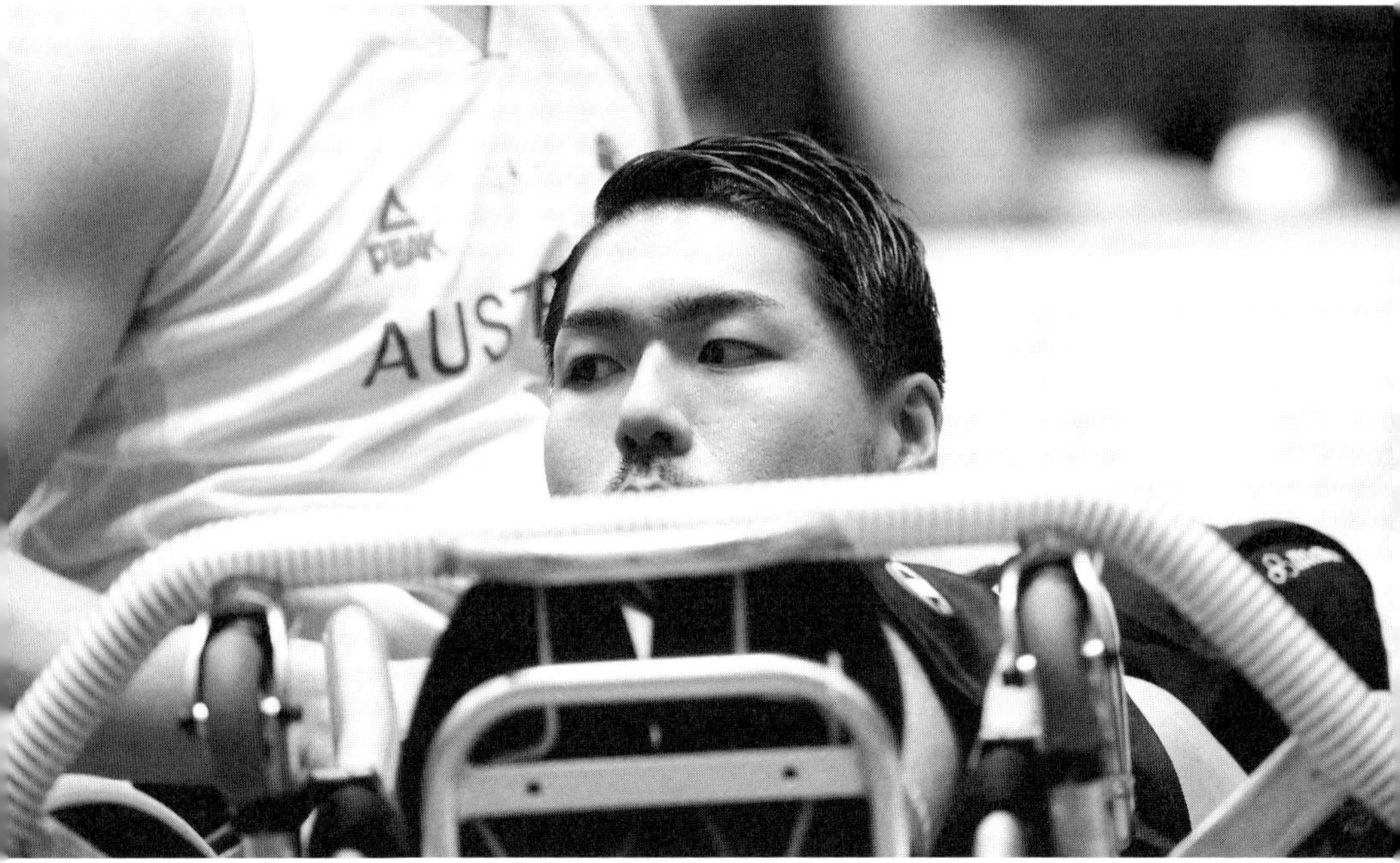

## その一瞬を逃さないために基礎を見つめなおす

**藤澤**　今年の夏はアメリカに練習に行っていたそうですね。

**田中**　ＮＢＡのサマーリーグがラスベガスであるんですけど、自分のことを見てくださっているアメリカのコーチの方がそこにいるというので行ってきました。ちょうどサマーリーグを観に行くという、うちのＨＣとＡＣと一緒に行ったんです。

**藤澤**　どんな練習をされてきたんですか？

**田中**　昨シーズンの自分のプレイをまとめた映像を前もって向こうへ送って、メニューを組んでもらって、毎日キッチリ、マンツーマンでやってもらいました。例えば「ドリブルのつき方が弱いから、もっと強くつけ！」とか、本当にシンプルなことから指摘を受けましたね。

**藤澤**　エエッ!?　田中選手のドリブルが弱いなんて、観戦して感じたことないですよ！

**田中**　自分も言われたのは初めてです（笑）。そのコーチは、ＮＢＡのチームに所属していて、日頃ＮＢＡ選手をワークアウトしているんで、その基準で比較するとドリブルが弱いと。

**藤澤**　僕もドリブルの強さに関しては誰かに何かを言われたことがないですね。強くつくことの利点はなんでしょうか。

**田中**　強くつくとそれだけ速くボールが返ってくる。だから次の行動へのスピードが上がる、ということだと思います。

**藤澤**　強くつくように僕もトライしてみます、今日から。

**田中**　やっぱり上のレベルに行

けば行くほどプレイの質が高くなって、チャンスも少なくなる。「今だ！」っていう一瞬にいかないとダメだということを痛感しました。

**藤澤**　あらためてドリブルやパスのようなバスケの基礎を見直すことも大切なんですね。シュートについてはどうでしたか？

**田中**　最先端の練習方法やシュートのパターンなんかを教わりましたが、技術的にはとくに言われなかったですね。でも「もっとリングにアタックした方がいい」と。

**藤澤**　リングにアタック？

**田中**　例えばピック＆ロールを使ったときに、センターが相手になるとしますよね。センターは自分のスピードを警戒して、スペースを取って下がってディフェンスをしてきます。そのタイミングで自分はどちらかというと、ジャンプシュートを選択していることが多かったんです。そうじゃなくて、スピードのミスマッチを活かして、もっとアタックしたほうがいいと、そう言われました。

**藤澤**　スピードで勝っているんだからそれで勝負に行けと。

**田中**　自分はプレイスタイル的にピック＆ロールを使うことが多いので、その基本的な攻め方についてのアドバイスですね。

## ランニングバスケと車イスバスケ

**藤澤**　ピック＆ロールって車イスバスケでも戦術のベーシックなんですよ。

**田中**　でもランニングバスケと違って、ズレが生まれにくくな

# 2つのバスケの出会いが生む新たな刺激が時代を変える！

いですか？

**藤澤**　そうです。そのために「スペースを取れ」とか、「タイミングを合わせろ」って言われます。ターンバック、アタックバックと呼んでいるんですけど、ボールマンが、（ピックをかける）ピッカーと逆を向かせる動きをちゃんとタイミングを合わせてしろと。車イスに乗っていると後ろの視野がすごく切れるし、その上、僕のように障害によっては、身体をひねる動作ができないので広い視野で状況を確認するのが難しいんです。

**田中**　なるほど。

**藤澤**　それと、車イスは幅があるから回転するためには絶対にスペースが必要なんですよ。ピックに行くときに自分の車イスを相手の車イスのここに合わせるっていうポイントがあって、そこの位置が取れたらもう１００％ピックにかかるんです。

**田中**　あぁ、そういうことですか！　だからさっき横で止められたときぜんぜん動けなかったんだ（笑）。車イスならではの部分があるから、ピック＆ロールはより細かいですね。

**藤澤**　車イスバスケでは、ボールを持って動くのは障害が軽くてスピードとクイックネスのあるプレイヤーが中心なんです。だから僕はボールマンをサポートすることが多いですね。

**田中**　藤澤選手がスクリーナーになるわけですね。

**藤澤**　はい。ピック＆ロールを使って障害の軽い選手と重い選手のミスマッチを作ることが、車イスバスケの基本的な戦術なんです。

**田中**　藤澤選手もポジションはシューティングガードですよね。

**藤澤**　そうです。田中選手と同じです。でも、僕はシューターなんで、ちょっとプレイスタイルは違いますね。田中選手はオールラウンダーですもんね。

**田中**　そうですね。自分でも持ち味はなんでもできることだと理解してます。自分はディフェンスも自信があるし、シュートだけでなく中にドライブもするし、パスもさばくし…そういった幅…いろんなオプションがありますね。

**藤澤**　僕はスポットシューターなんです。リオを戦った日本代表の最大の武器はディフェンスだったんですが、僕はプレスが得意なユニットで使われることが多くて、だから僕もディフェンスにはちょっと自信があります（笑）。

**田中**　他に車イス独特のプレイはどんなのがあるんですか？

**藤澤**　ディフェンスからオフェンスに切り替わるときに、相手をディフェンスに戻れないようにバックコートに止めちゃうっていうバックピックというプレイがあります。

**田中**　藤澤選手に止められたら動けなそう。

**藤澤**　僕が大きくて障害の軽い選手をきっちり止められれば、それだけで障害のミスマッチを生み出せます。バックピックで数的優位を作れると、必然的に相手のビッグマンは真ん中を守

©ALVARK TOKYO

ろうとするので、僕はコーナーでスペース取って待っていて、ふってもらってショットを決めるパターンも多いですね。田中選手は普段の練習からシューティングはかなり打ってるんですか？

**田中**　いえ、本数を打つのはしないですね。練習が終わって、自分でゲームをイメージしながらシューティングをします。ワークアウトコーチにチェックしてもらいながらやります。

**藤澤**　やみくもには打たないんですね。では一番意識しているポイントはどこですか？

**田中**　僕の場合はバランスですね。藤澤選手はどこですか？

**藤澤**　正しいフォームで打つことかな。それに僕のような重い障害だと、ボールのもらい方が悪いと身体のバランスが簡単に崩れてしまうので、良い状態でボールを持つことから考えてやっています。

## 日本の未来を担う２人
## 目標は東京のスタメン

**田中**　僕たち男子代表は、最終予選で敗退したので、リオで戦っている女子代表や車イス代表が本当にうらやましかったです。やっぱりアスリートなら誰しもがオリンピックの舞台には出たいと思いますからね。

**藤澤**　僕ら共通の目標は、２０２０年の東京オリンピック・パラリンピックになりますね。

**田中**　そうですね。東京オリンピックには何としても出場したいです。

**藤澤**　自国開催のオリンピック・パラリンピックに出場できるチャンスは２０２０年しかないですからね。でも、ちゃんとした成績も残さないといけないというプレッシャーも大きいですよね。

**田中**　だからこそ、それを自分のキャリアの中でベストな状態で迎えたいと思っているんです。今シーズンはＢリーグが開幕して、アルバルクとして優勝という目標に向かって戦っていますが、その先の大きなビジョンとして常に２０２０年を意識していきたい。それまでの１日１日が勝負だと思うので、日々を積み重ねながら自分自身を高めていきたいですね。

**藤澤**　僕はリオでは、個人的にはすごく悔しい思いが残ったんです。厳しい相手との連戦の中でスタメンのファーストユニットが苦しい時間があったんですが、僕のセカンドユニットがそれを助けることができなかった。まだ僕のレベルがそこまで達していないということが自分でもわかりました。だから２０２０年に向けてもっとスキルを磨いて、スタメンのユニットに主力として名前を連ねたいと思っています。代表の中でみんなから信頼される、存在感のある選手になることが目標です。

**田中**　僕も東京オリンピックに参加するなら、スタートで出られる選手でありたいですね。

**藤澤**　僕は所属クラブの埼玉ライオンズではスタメンなんです。リオでは普段と違う役割、ワンポイントでゲームに入っていくことの難しさを痛感しました。

**田中**　その難しさ、よくわかります。自分も最初から出たいタイプなんで。

**藤澤**　では、あらためて僕ら共通の目標は2020年東京のスタメンということで（笑）。

**田中**　そうしましょう（笑）。

**藤澤**　同じバスケの日本代表として、高めあっていけたらいいですね。これからもよろしくお願いします！

**田中**　こちらこそお願いします。アルバルクのゲーム観に来てくださいね。約束ですよ！

## 己のバスケ・ラブを信じ、2人が邁進する道は2020年東京へ続く――

BASKETBALL

WHEELCHAIR
TOYOTA
24
FUJISAWA
JAPAN
11

2016.11.7 B1 LEAGUE MATCH

ALVARK TOKYO
アルバルク東京
VS
秋田ノーザンハピネッツ
AKITA NORTHERN HAPPINETS

REAL×RIO コラム column❹

# 藤澤潔のアルバルク観戦記

**対談相手の田中大貴選手とアルバルク東京の応援のため、ホームゲームを観戦に訪れた藤澤潔。車イスバスケ日本代表は、日本のトップリーグのバスケに何を見たのか!?**

前日の第7節（GAME13）は86-55でアルバルク東京が完勝。秋田ノーザンハピネッツのファイトバックも期待しつつ、息子をいつもより早く保育園へ迎えに行き、平日しかも週初めの夜に家族で久しぶりの代々木第二へ。リオパラリンピックも終わり、いつの間にか季節が進みもう夜は冷える。が、コートは静かに確実に熱気を帯びていく。

アルバルク東京のファーストゴールは我らが田中大貴選手のジャンパー。秋田のアウトサイドも高確率。期待が膨らむ。第2Qアルバルク東京の苦しい時間帯。それは新しいチームが成長するために、ひとつひとつのプレイを確認しながらゲームを進めているように見えた。そこにはまだやりにくさのようなものがあったのかもしれないが、後半はグッドディフェンスから素早いトランジションで秋田のゴールへ攻め込むシーンが多くみられた。しかしながら前日から見事にファイトバックした秋田の精度の高いプレイには脱帽。第7節（GAME14）は64-78で秋田ノーザンハピネッツの勝利。

平日しかも週初めの夜に多くの人々を夢中にさせるのは、カッコいい選手が多いからだけではなく、単純にバスケットボールが超おもしろいからだろう。

日々成長、昨日より今日。アルバルク東京とシンペーJAPANには通ずるものが多い気がしてならない。２０２０年東京、フィールドは違えど田中選手とともに日の丸を背負い、世界と戦うことが新たな目標となった。

試合終了後は笑顔でハイタッチ！

## Bリーグ、始まる!

2016年9月22日、ついに日本最高峰のプロバスケットボールリーグ「Bリーグ」がスタートした。1部となるB1には、東・中・西の3地区に各6チームが所属。初代Bリーグ王者の座をかけてレギュラーシーズン60試合とプレーオフを戦う。ファン待望の新リーグが日本のバスケ界の未来を切りひらく!

## 俺たちがBの主役だ!

日本リーグ時代からの長い歴史を持つ強豪・アルバルク東京。チーム名の「ALVARK」とはアラビア語の“電撃”を意味する言葉から名付けられた。若き指揮官・伊藤拓摩ヘッドコーチのもと、日本代表経験のある竹内譲次選手、田中大貴選手、NBA経験もあるディアンテ・ギャレット選手らを擁して、初代王座をねらう!
2016–17シーズンのホームコートは東京・代々木第二体育館。客席をチームカラーの赤と黒で染める大応援が、チームの活躍を後押しする。会場でアルバルクの熱いゲームを観戦しよう!

ALVARK TOKYO

［アルバルク東京］のチケットやチーム情報は
【公式HP】https://www.alvark-tokyo.jp/
【公式ツィッター】https://twitter.com/alvark_tokyo
【公式Facebook】https://www.facebook.com/ALVARKTOKYO/

長崎県の小さな島に住むひとりの少年。
12歳で始めた車イスバスケが、
その少年の運命を大きく変えた。
車イスバスケ日本代表・鳥海連志、
リオパラリンピックで世界に挑む17歳の夏――。

【スペシャルドキュメント】

# 鳥海連志

## 十七歳の地図

CHOKAI RENSHI SEVENTEEN'S MAP

燃えろ! シンペーJAPAN

# 0歳〜12歳

少年の原点はどこにあるのか…

連志の挑戦を見守ってきた父・隆一、
母・由理江とともに自宅の前の港にて。

菜の花こども園ではこの遊具のある広場を駆け回った。

1999年2月、鳥海連志は、すねに2本ある骨のうちケイ骨が両足ともに欠損、右手に4本、左手に2本の指が残された両手指欠損で生まれた。両足に補装具を着けて歩く方法もあったが、もっと自由に動けるようにと、両親は3歳で両下肢の切断を決めた。

連志は0歳から「菜の花こども園」に通った。連志は体を使った遊びが大好きで、切断した足で自然の中を駆け回り、障害のない友だちと一緒に泥んこになって遊んだ。

左手の指が2本では、みんなと同じようにのぼり棒が登れなかった。しかし連志は左腕で棒を抱えて登る方法を自分で考え出した。逆上がりもひとりで練習して、いつの間にかできるようになっていた。運動会ではみんなが雲梯《うんてい》をしているその下を逆立ちで歩いて大喝采を浴びた。これも連志自身が言い出したことだった。

先生たちは連志に考えるきっかけと時間を与え、そのチャレンジをあたたかく見守った。

「菜の花には学童保育も含めて12歳までお世話になりました。楽しくて大好きでした。僕、5歳のときに腹筋が割れてたんです。どれだけ体を使って遊んでたのか（笑）。誰かにできるなら、僕にも絶対にできると思ってました。菜の花に行ってなかったら、今の僕はなかったと思います」

# 12歳

## 車イスバスケとの出会い

車イスバスケとの出会いは中学1年生、12歳のとき。ソフトテニス部で義足を着けてプレイする連志を見て、バスケ部のコーチが声をかけてくれたのだ。

「そのコーチは車イスバスケのレフリーもやっていた方だったんです。でも最初は断りました。体育は、ずっと義足でやっていたから、車イスでスポーツをするという選択肢を考えたことがなかったんです」

〝車イスのスポーツなんて、障害者のリハビリだろう〟そんな気持ちで地元チーム・佐世保WBCの練習に参加した。しかし、必死に車イスを漕いでも誰にも追いつけないし、シュートはゴールにさえ届かない。

「めちゃめちゃ悔しかった…。まずはこの佐世保のチームで一番になる、そしていつか日本代表に入る、そう決めました。バスケ車に初めて乗った感想は…楽しかった、かな。想像以上に速くて転んだりもしたけど、怖いとは思わなかったです」

実は鳥海ファミリーはバスケ一家。フォワードだった父・隆一、バスケ部マネージャーだった母・由理江、1歳上の兄・大樹（たいじゅ）はミニバスから始めて現在は大学でプレイするシューターだ。大樹の試合の応援に行ったとき、そのプレイを連志がうらやましそうに見ていたことに気づいていた家族は、車イスバスケへのチャレンジを全力で応援した。

車イスバスケでは選手の障害の種類や程度に応じて、最も障害が重度な1・0から障害の軽度な4・5まで、0・5点刻みで持ち点（クラス）が設定される。両下肢切断は持ち点が高いハイポインターとなるが（先天性で太ももの上部から両下肢が欠損している日本代表の香西宏昭は3・5）、両手にも障害のある連志の持ち点はそこからさらに下がって2・0である。

持ち点2・0の選手のほとんどは脊髄損傷などの下肢障害。体幹バランスが不安定なため車イスのシートに角度をつけて膝を少し高くし、背もたれを利用しながらプレイしている。シュートやリバウンドなどで、手を高く上げるとバランスを崩すこともある。

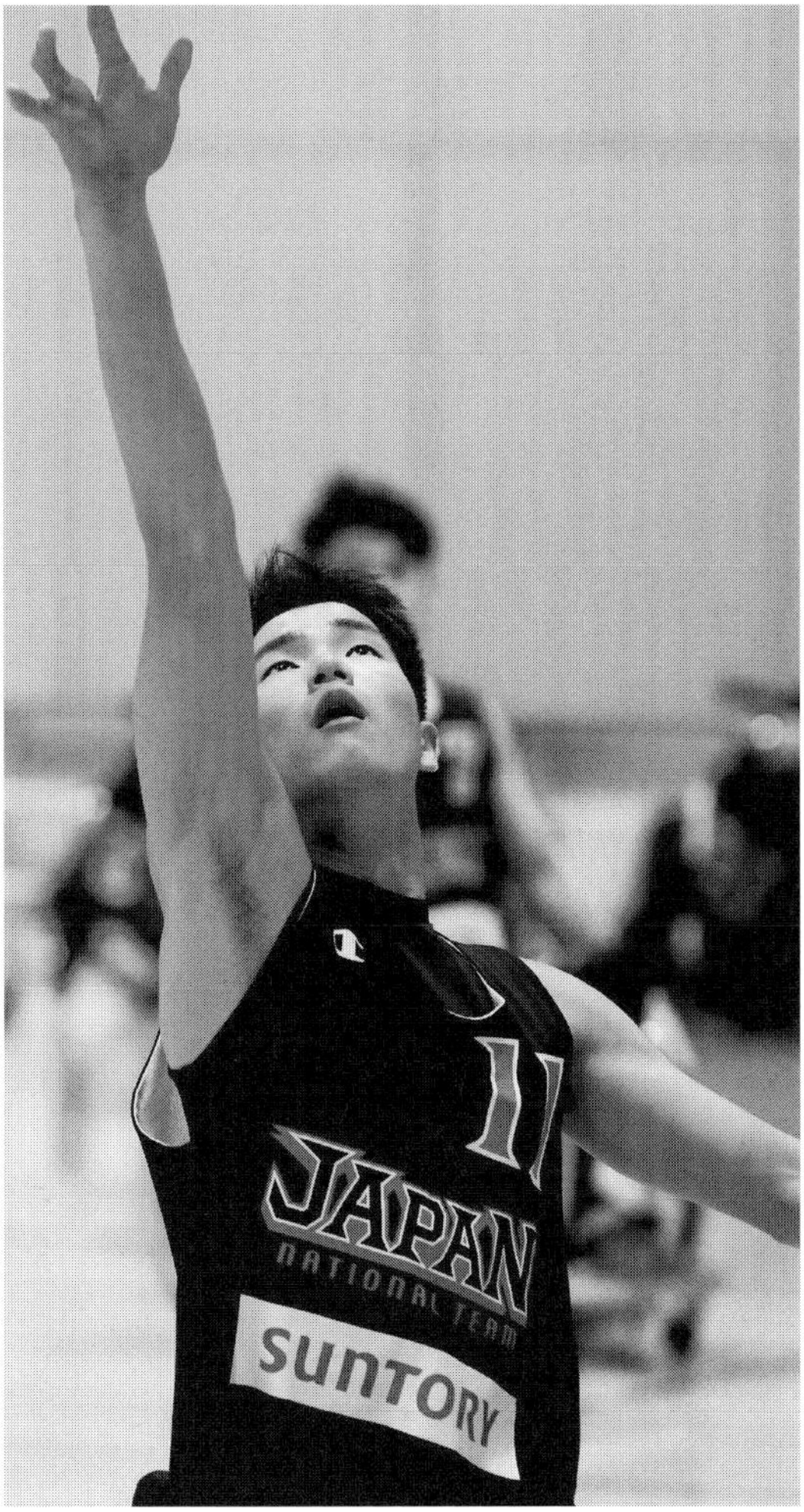

一方、連志は腹筋も背筋も利くため体幹バランスにはまったく問題がない。シートをフラットにした車イスに乗り、ハイポインターが車イスの片輪を浮かせて高さを出すティルティングというテクニックまで使うことができる。もちろん両手の障害は不利だが、右手の4本の指でボールはしっかりハンドリングできるし、左手も車いすを漕ぐ動作には大きな影響はない。連志の障害は車イスバスケでこそ活きる、と言えるものだった。

10
JAPAN

# 15歳

## 初めての日本代表

13歳になった春に公式戦デビュー。翌年には、長崎県チームのメンバーとして全国障害者スポーツ大会（障害者の国体）で3位躍進の原動力となり、アジアユースパラ競技大会日本代表（U-23）にチーム最年少で選ばれ、初めて日の丸のユニフォームを着た。

高校生になって間もない15歳の7月、長崎県チームは「第40回のじぎく杯」の決勝で、及川晋平HC率いるNO EXCUSEと対戦。敗れたものの、連志は個人賞を獲得し大きなインパクトを残した。

その翌月、連志は鹿児島で開催された日本代表強化合宿に初めて招集される。

「晋平さんが『好きなようにやっていいぞ』と声をかけてくれたので、全力で行きました。でも、レベルが違った。まったく歯が立たないどころか、子ども扱いでした」

強化合宿から帰ってきた連志は、家族に日本代表メンバーがどれだけ高いスキルを持っているか、その中でプレイすることがどれだけ楽しかったかを目を輝かせながら話した。

連志はこれまで以上に車イスバスケに没頭するようになった。学校が終わると自宅から近い体育館に直行し、個人スキルを磨く。教科書となるのは、自分の目で見て盗んできた日本代表選手たちのプレイ。頭の中でそれを再生しながら、『こうしたらできるかな？』、『自分ならこういうやり方もあるかな？』と試行錯誤を繰り返して自分のものにしていった。

「自分にできないプレイがあると悔しいんです。オールラウンダーになりたいので、クラスが上のヒロさん（香西）、レオさん（藤本）のプレイもやってみます。できないこと？　左の指が2本だから左からのレイアップシュートがダメ（笑）。でもバンクショットで決められるから大丈夫。自分にはできないなんて、考えたことがないですね」

誰に教わることもなく、自分で考えてチャレンジを繰り返す姿は、菜の花こども園で、のぼり棒や逆上がりの練習に夢中になった子どもの頃と変わらない。

# 17歳

## 島の少年、世界へ——

日本代表の仲間たちを「まるで乾いたスポンジ」、「会うたびに技が増えている」と驚かせる急成長を見せた連志。合宿初招集から1年、昨年10月のリオ出場権をかけたAOZ大会では、シンペーJAPANにとって欠くことのできない戦力となっていた。

「強いチームと試合ができて、毎日が楽しかったです。負けたけどオーストラリア戦が、とくに楽しかった。ほかの相手とレベルの違う強さだったから。試合に出たくてたまんなくて、ベンチでずっと晋平さんに、『出して～』って念を送ってました」

ライバル韓国との直接対決を制し、リオ出場を決めたシンペーJAPAN。今年5月22日に発表されたリオのメンバーには、当然のように「鳥海連志」の名前があった。開会式時点で17歳7か月は、車イスバスケだけでなく、日本代表選手団でも最年少となる。

「シンペーJAPANはすごくいいチームなので、このチームで結果が出せるよう、全力を尽くしたいと思います。個人的には…パラリンピックで毎日強いチームと試合ができると考えたら、ワクワクが止まんないです（笑）。世界を驚かせるようなプレイをしたいし、2020年や未来につながる大会にしたい。僕は世界のいろんな国の選手を集めてベストチームを作ったときに、真っ先に名前が挙がるような選手になることが目標です。対戦相手が日本の鳥海連志を研究して徹底的にマークしてきても、止められないような選手になってやろうと思います」

車イスバスケを始めるまで、12歳の少年の地図には小さな島しか描かれていなかった。それからわずか5年でその地図には日本が描かれ、世界までが描き加えられていった。

地球の裏側で開催されるリオパラリンピック。世界一を決める最高の舞台で、どこまでも広がる17歳の地図には、何が描かれるのだろうか——。

大崎高校へは義足で通っている連志。同級生のほとんどが幼なじみで、校内の階段ではあたり前のように誰かが背中を貸して連志がひょいと負ぶさる。「車イスバスケの日本代表はすごいけど、連志は連志。ここにいるときは昔から変わらない連志のままです」と連志を囲んでみんな笑顔を見せてくれた。

JAPAN
0
6
Rio2016

JAPAN

JAPAN
24
JAPAN
0

JAPAN
0

# ALBUM

## 母が語る連志のこと

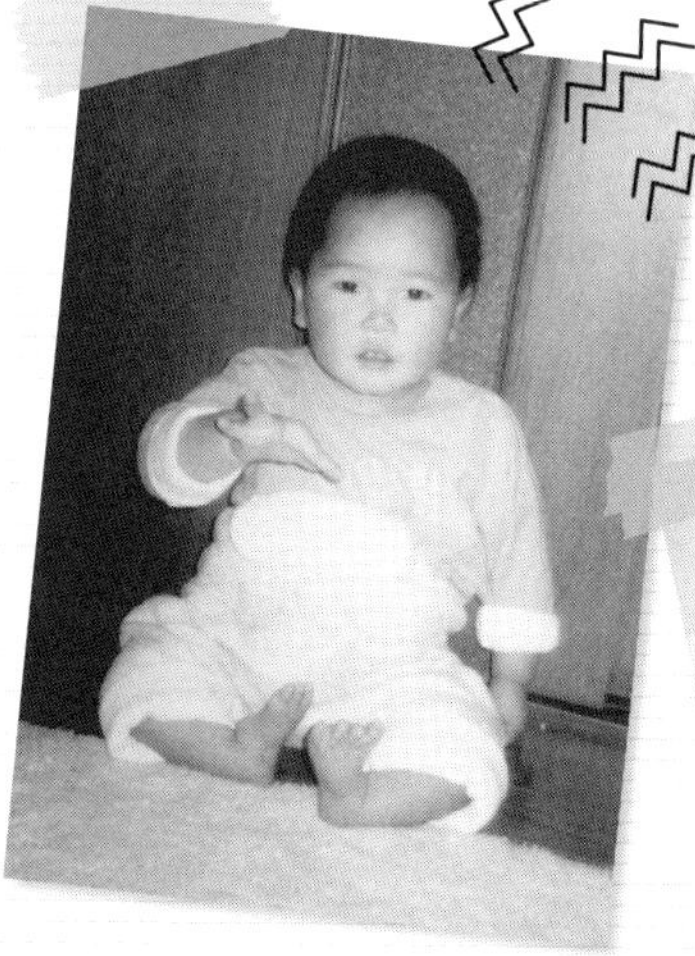

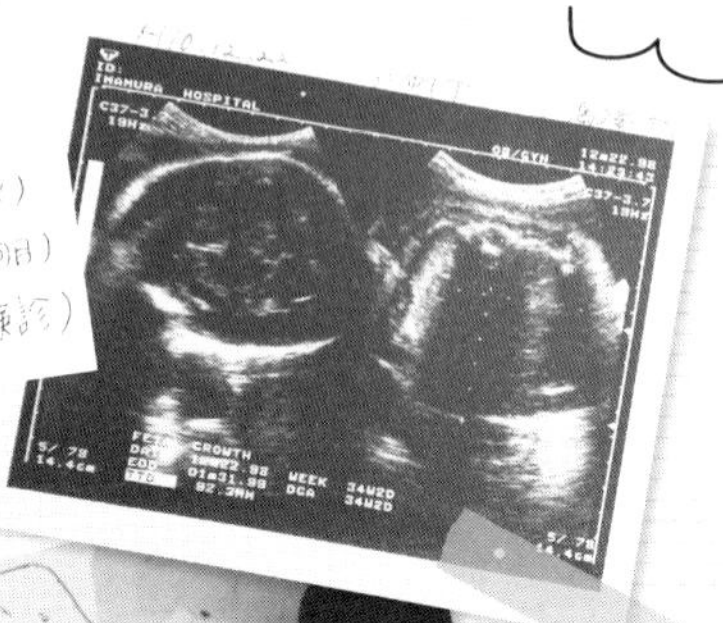
平成10年 12月22日(火)
32週1日 (9ヵ月 1週目)
体重1,895g (逆子横位)

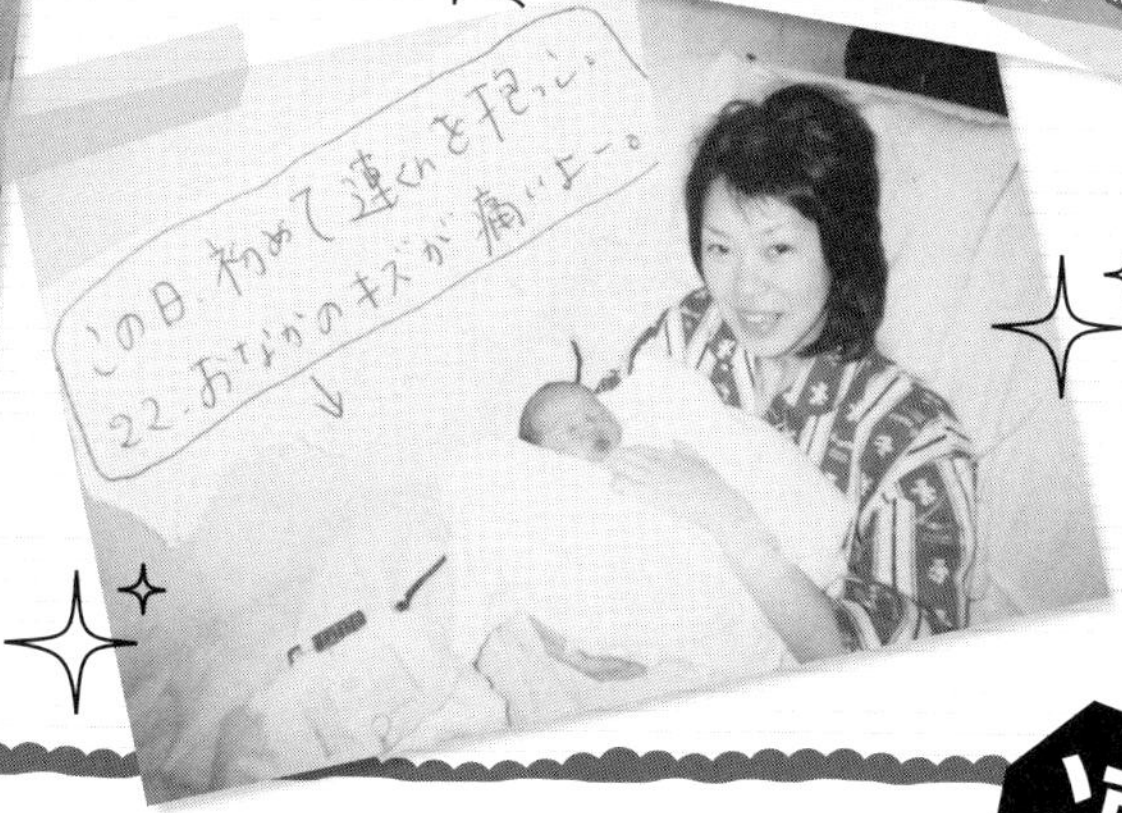
この日、初めて連くんを抱っこ。
22.おなかのキズが痛いよー。

連は逆子で最後まで戻らんかったです。結局、帝王切開で産まれたんですが、すぐに障害があるとわかり、生まれたばかりの連と対面することもかなわず大学病院に連れて行かれました。私が目を覚ました時、主人は目の前にいたんですが、ただならぬ空気で、大変なことが起きたのかなと何となく感じました。ただ主人は「指がない、足がない」と繰り返すだけで、その言葉の意味が分かんなかったです。周りにも障害者の子どもはいないし、私自身、正直どう育てていいか悩んだこともありました。転機となったのは0歳からお世話になった菜の花こども園。12年間通いました。障害のありなしに関係なく、できなかったら、どげんかしてできるように一緒に考えてくれたり、見守ってくれました。お陰様で野生児のように育ってくれて感謝してます（笑）。菜の花で学んだのは、線引きを私がしないこと。できないことはできないと連自身が判断して、自分の言葉で先生に伝えなさいと言いました。主人もずっとバスケをやってましたし、私も高校時代はバス

# RENSHI NO

ケ部のマネージャー。連の1つ上の兄も小学校からバスケをやって、大学でも続けています。妹はまだ小さいのですが、虎視眈々とミニバス入部を狙っています（笑）。鳥海家はバスケ一家なんですよ。連も車イスバスケと出会って本当によかったと思います。今は合宿や遠征での移動も1人でやってますし、いつの間にか成長したなぁと思いますね。普段はイライラするくらいマイペースなんですけどね（笑）。

鳥海　由理江

# それから

## リオ後の風景

強い相手ばかりでリオは毎日が楽しかったです（笑）。負けたけど接戦した相手が上位に入っているし、日本も4年後の東京ではあの位置まで行けると思いました。個人的にも「コイツ異次元だな」って感じる相手もいなかったし、もっと練習して経験積めば「届くんじゃね？」って。いま高3だから、これから進路を考えます。長崎、東京、それともアメリカ、ヨーロッパ…リオを経験してめちゃめちゃ選択肢が広がったかな。なんか、オレ、バスケがあればどこまでも行けるなあって。

**PROFILE**

1999 年 2 月 2 日、長崎県出身。佐世保 WBC 所属。ポジション:ガード。両足切断。両手指欠損／先天性
2011 年から車イスバスケを始め、わずか 2 年で日本代表に初選出。驚くべきスピードで進化しているスーパー高校生。リオでパラリンピックデビュー。

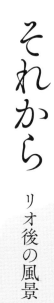

リオパラリンピック
車イスバスケットボール
日本代表
シンペー
JAPAN

# オレたちのリアルは何だ!? 完全なる選手名鑑2016

リオパラリンピックを闘った“シンペー JAPAN”12名の戦士たちを一挙紹介。
世界の舞台でプレイする選手たちは、[リアル]という作品に何を感じているのか!?

## STAFF

ヘッドコーチ
HC

### 及川晋平

OIKAWA SHIMPEI

1971年4月20日生まれ、千葉県出身。16歳で骨肉腫により、戸川清春と同じローテーション手術を受ける。千葉ホークスで車イスバスケを始め、2000年シドニーパラリンピックに出場(クラス4.5)。アメリカ留学の経験から英語が堪能で、世界の車イスバスケ関係者とのネットワークも広い。カナダを世界王者に導いた指導者マイク・フログリーの協力を得て、2001年からJキャンプを立ち上げて選手の育成にも力を尽くす。クラブチームではNO EXCUSEのヘッドコーチを務め、日本王座をめざす。日本代表では2012年ロンドンのアシスタントコーチを経て、リオではヘッドコーチに就任。

アシスタントコーチ
AC

### 京谷和幸

KYOYA KAZUYUKI

1971年8月13日生まれ。北海道出身。サッカーの強豪・室蘭大谷高校時代から大きな注目を集め、日本ユース代表、オリンピック代表候補に選出。1991年にジェフ市原に入団するが、1993年に事故により受傷し引退。千葉ホークスで車イスバスケを始め、わずか数年でクラス1.0のガードとして日本のトップ選手へと成長。パラリンピックには2000年シドニーからロンドンまで4大会連続で出場し、2008年北京では日本代表選手団主将も務めた。引退後は日本サッカー協会公認の指導者ライセンスを取得し、城西国際大学でコーチとして指導にあたる。

| チームリーダー | マネージャー | トレーナー | メカニック |
|---|---|---|---|
| 小川智樹 | 佐藤美穂 | 竹内直人／山下正信 | 上野正雄 |

# #0

# 鳥海連志

CHOKAI RENSHI

## 情熱の若獅子

乾いたスポンジのように吸収し、車イスバスケを始めて5年でリオパラリンピックに出場。驚異的なスピードを武器にして世界レベルのプレイヤーに臆することなくチャレンジした17歳。世界の車イスバスケ関係者たちに「JAPAN CHOKAI」の名前を実力で刻みつけた。日本の未来を担って、まだまだ成長を続ける！

**生年月日** 1999.2.2
**クラス** 2.0 **ポジション** G
**所属チーム** 佐世保WBC

闘うスピリットが素晴らしい。何かを起こしてくれると期待させる雰囲気がある!

**オレたちの［リアル］**

## 真っ直ぐな野宮に共感します!

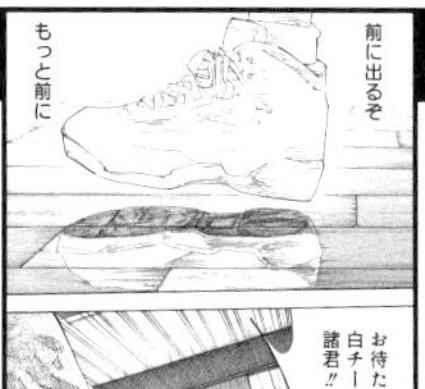

我が家はみんなバスケ好きなんで、[リアル]が出ると先に見つけた誰かが買ってきて、家族で回し読みします。父と母は完全にスラムダンク世代なんで、千葉のAOZ大会のときに取材に来ていた井上先生を見つけて、息子のことそっちのけで大興奮してましたからね。好きなキャラは野宮かな。不器用だけど、気持ちが真っ直ぐで一直線に行動するところがいいですね。プロテストを受けた11巻、すごく感動しました。あと、プロレスはよく知らんかったけど、スコーピオン白鳥の復帰戦はめちゃくちゃカッコよかったっす。松坂に負けたあと、自分でロープを使って立ち上がったシーンとか最高でした。

# #2

# 豊島　英

TOYOSHIMA AKIRA

## 暴走キッド

ディフェンスでは真っ先に戻って、大きな相手をストップ。オフェンスでは相手をかく乱してチャンスメイク。リオのコートを誰よりも速いスピードで、誰よりも長い距離を動き続けたシンペーJAPANのエンジン。今シーズンからドイツのケルンに加入し、世界のトップリーグでさらに技術を磨く！

**生年月日** 1989.2.16
**クラス** 2.0 **ポジション** G
**所属チーム** 宮城MAX

心は熱く燃えていてもプレイはクール。小さい身体で大きな役割、縁の下の力持ち。

### オレたちの［リアル］

## 障害者の“リアル”を教えてくれた

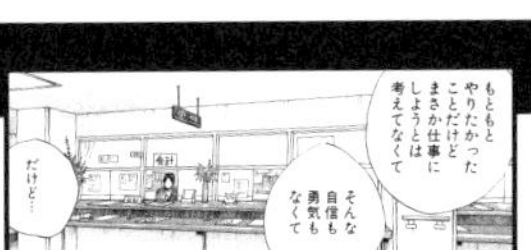

自分が好きなのは夏美です。かわいいからじゃないですよ(笑)。不慮の事故で障害者となった現実をしっかりと受け止めて、前を向いて生きようとしてますよね。夢だった漫画を描くという決断には、大きな覚悟を感じます。漫画家として成功してほしいです。自分は生まれてすぐの病気が原因で歩くことができなくなり、子どもの頃からずっと車イスで生活することが当たり前でした。だから[リアル]を読んで初めて、戸川や高橋のように健常者から車イスになった人たちの苦しさを知ったんです。チームメイトたちもこうやって苦労や挫折を乗り切ってきているんだなあと、あらためてみんなが強い心をもっている理由を知りました。

# #3

# 土子大輔

TSUCHIKO DAISUKE

## 覚醒の狙撃手

日本が誇るシューターが、世界の舞台でその能力をついに覚醒させた。ユニット5のエースは、藤本と香西に並ぶチームの得点源として成長。初めてのパラリンピックとなったリオでもそのシュートセンスを見せつけた。「オラァ！」の掛け声が毎朝の日課。

**生年月日** 1980.8.14
**クラス** 4.0 **ポジション** C
**所属チーム** 千葉ホークス

爆発力は日本のステファン・カリー。当たり出すと止まらない世界標準のシューター。

### オレたちの[リアル]

## 読むたびに前に進む勇気をもらいます！

一番印象に残っているシーンは、高橋、白鳥、花咲の三銃士が車イスで坂を上るリハビリに挑戦するところ。そこで鬼のように厳しい原先生が「アスリートと…非アスリートなんて人種があるのか？　やるかやらないか　坂道をのぼるか眺めるだけにしとくか　選択があるだけだ」って言うんですよ。その言葉がすごく心に響いて、ずっと胸に残っていますね。[リアル]は登場するキャラクターがみんな自分の欠陥や弱さと向き合って、前に進もうとしています。[リアル]を読み返すたびに同じように障害を負った自分と重ね合わせて、「オレも前に進まなきゃ」と思えるんです。

# #4

# 藤本怜央

FUJIMOTO REO

## ビッグシェフ

世界と闘うためにドイツの厳しい環境で自分を磨いてきた日本の大黒柱。ポテチ(うすしお)と肉が大好きだったが、自炊で食生活を改善して体脂肪率は大幅ダウン。飛躍的にアップした料理の腕前は、ともにハンブルクでプレイするチームメイトの香西と千脇が絶賛するほど。

**生年月日** 1983.9.22
**クラス** 4.5 **ポジション** C
**所属チーム** 宮城MAX

ミスター・ストイック。自分を徹底的に追い込んで背中でチームを引っ張るキャプテン。

## オレたちの[リアル]

### いつか[リアル]に登場することが目標

やっぱり同じ切断の障害でもあるし、戸川がいいですよね〜。オレとは180度かけ離れて顔もイケメンで主人公、憧れます(笑)。最初に戸川と野宮が出会って1 on 1をするところで野宮をぶわっとブチ抜いてシュートを決めて、ギュッとドリフトでストップするシーンあったでしょ。あんな止まり方できたらカッコいいと思って、何度も練習したんですよ。[リアル]は障害を障害という見方で終わらせない漫画。ワクワクするスポーツ漫画でありながら、しっかりと障害を持って生きる人間の背景も描かれていて共感します。オレ、[リアル]に登場することが車イスバスケットマンとして一流の証じゃないかと思ってるんです。これからもっとがんばるので、井上先生、よろしくお願いします!

# #10

# 宮島徹也

MIYAJIMA TETSUYA

## ザ・キーマン

ボールキープ力に優れ、シュート、リバウンドなどすべてのプレイをこなすオールラウンダー。ユニット5では土子と藤澤のダブルシューターにチャンスメイクする重要な役割を託された。宮島のプレイの幅が広がったことで、ユニット5はさらに強くなった。チューリップの町、富山県砺波市出身。

**生年月日** 1988.11.29
**クラス** 4.0 **ポジション** PF
**所属チーム** 富山県WBC

不器用ながらも周囲を活かす新しいプレイスタイルにチャレンジ。ユニット5の要。

## オレたちの[リアル]

### 「バスケがしてえー」に共感！

高校を退学した野宮と、タイガースに居場所をなくしていた戸川。最初は、2人ともバスケに飢えてましたよね。2人の「バスケがしてえー」っていうページがすごく印象に残っているんです。自分もバスケが大好きで小さいときからずっとバスケをやっていました。それが突然に脚を切断することになってランニングバスケができなくなりました。車イスバスケと出会うまで、毎日のようにバスケがしたいと思い続けていたので、2人の気持ちと当時の自分の気持ちがシンクロするんです。トライアウトに落ちた野宮が、どんなふうにバスケと関わっていくのか…熱すぎる男・野宮のこれからがすごく気になっています。

#11

# 藤澤　潔

FUJISAWA KIYOSHI

## ゴールデン男爵

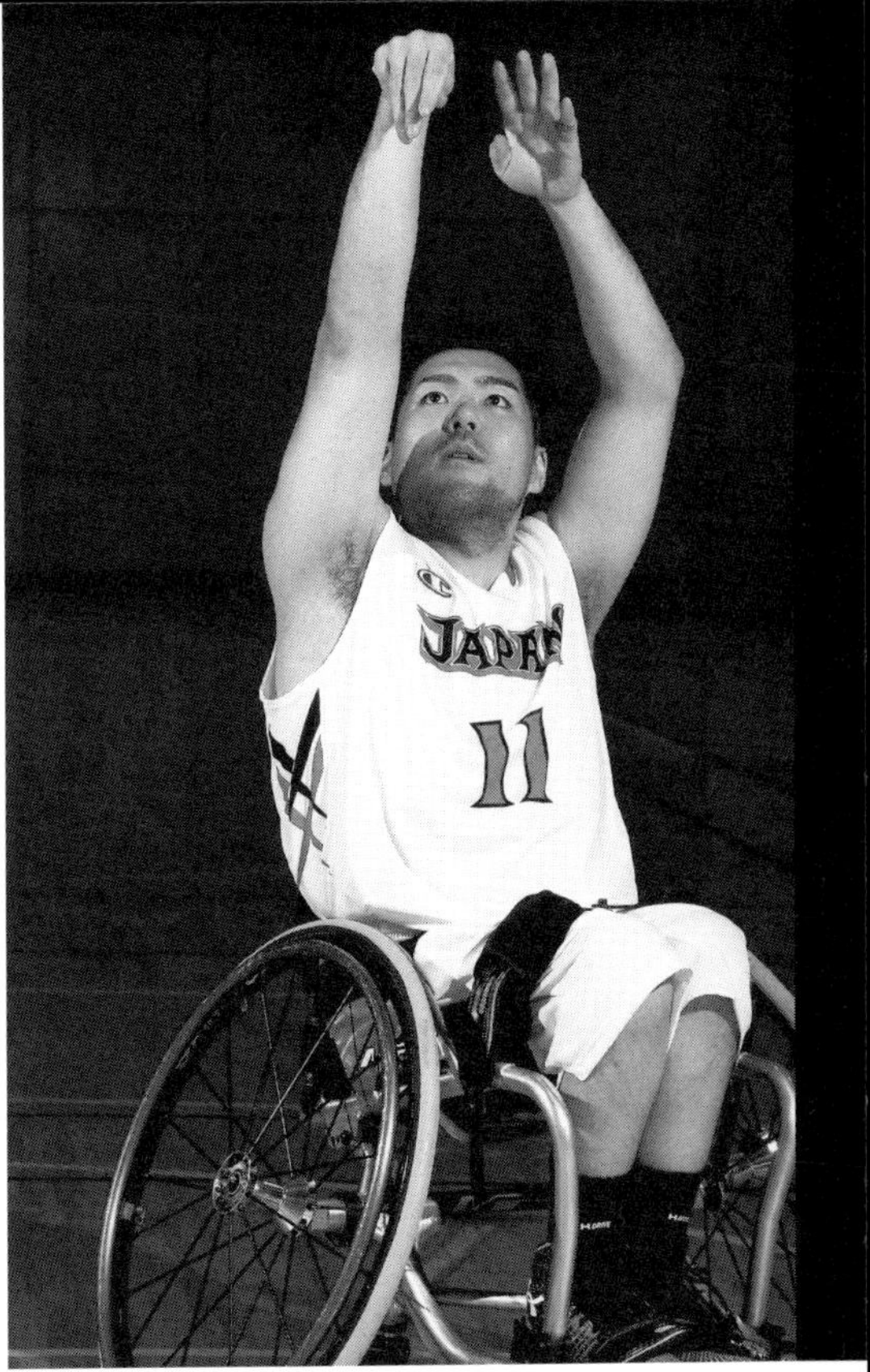

シンペーJAPANが目標とした1試合64得点を達成するためには、ローポインターの得点をどこまで伸ばせるかがカギだった。その期待に応えるためNBAのゴールデンステート・ウォリアーズに所属するクレイ・トンプソンと同じ11番を選んだ。安定したシュート力とヘアスタイルは、何があっても乱れない！

**生年月日** 1986.7.26
**クラス** 2.0　**ポジション** SG
**所属チーム** 埼玉ライオンズ

チャンスが少ない中、シューターとして託された責任に対し、誠実に向き合ってくれた。

**オレたちの［リアル］**

## 自分と同じローポインター永井がスーパークール!

1巻で戸川がヤマの家を訪れたときのやり取りが大好きなシーンです。ヤマは戸川のブザービートを、戸川はヤマのナイスキャッチを、「ジョーダン」というバスケットにおいて最高の言葉を使ってリスペクトし合っているのがいいですね。好きなキャラは僕と同じローポインター永井。ドリームスでは得点を取るのは藤倉だけど、ゲームの中では永井の存在が大きい。目立たないけど大事な部分を見抜く目を持ったスーパークールな選手だと思います。永井が坂道ダッシュを2時間もやり続けたエピソードも好きです。僕も普段の練習に取り入れているから坂道ダッシュのキツさもよくわかるんですよ。

# #13

# 千脇 貢

CHIWAKI MITSUGU

## 筋肉の守護坊主

クラス2.5と障害は重いが、高くてバランスの悪い車イスに乗ってリバウンドを奪う。上半身の筋肉は、ゴール下で障害が軽くて身体が大きい相手エースにタイマンを張るために鍛え上げた。オフェンスでは香西をサポートする動きも光る！ 結婚相手絶賛募集中！

**生年月日** 1981.8.19
**クラス** 2.5 **ポジション** PF
**所属チーム** 千葉ホークス

ディフェンス面での成功には、ミッチーの身体を張ったリバウンドでの功績が大きい。

### オレたちの[リアル]

## 白鳥のプロ魂をリスペクトします

オレが好きなキャラ…全開ギュパ——！ スコーピオン白鳥以外ありえないでしょ（笑）。筋肉を信奉する“筋肉バカ”仲間としてリスペクトします。リングに復帰した白鳥がライバルの松坂マンバと向き合うところで、花咲が「いいレスラーはホウキ相手でもプロレスができる」と言ったけど、白鳥も松坂も最高のプロフェッショナルですよね。心が沸き立つような熱い試合でした！ ［リアル］はオレが車イスバスケを始めた時期に始まっているんで、オレがバスケにのめり込むきっかけになった漫画です。戸川とタイガースが日本選手権で優勝する姿を見たいし、戸川が日本代表で外国チームと戦うシーンも見てみたいですね。

# #15

# 藤井新悟
FUJII SHINGO

## IQバスケットマン

日本が誇るインテリジェントな司令塔。プレイのアイデア、パスのセンスは年齢を重ねるごとに磨きがかかり、シンペーJAPANの中心となったユニット1で藤本&香西のダブルエースを自在にコントロールした。4度目のパラリンピックとなったリオではディフェンス面でも大きな仕事を果たした。

**生年月日** 1978.1.2
**クラス** 1.5 **ポジション** G
**所属チーム** 宮城MAX

スピードもないのになぜ負けないのか・・・実際に対戦した相手にしかわからない凄さがある。

## オレたちの[リアル]

### もう一度自分にも問い直した“心の資質”

[リアル]にはカッコいいシーンや名言が多すぎて、どこを選ぶのかすごく悩みますね。強いてあげるなら、野宮がライトニングスのトライアウトで、チームのエース安西に絶望的なまでにやられて、それでも立ち上がってくるシーン。田中ヘッドコーチの「打ちのめされた時、人は真価を問われる 下を向くのか 前を向くのか あきらめずにチャレンジし続けられるか それが——才能や経歴に隠れて見えないが一番大切な——心の資質」というセリフは、ガツンときました。ゲームの中ではスキルや戦術を意識しがちですが、このセリフであらためて自分自身の“心の資質”を考え直してみる機会になりました。[リアル]は読むたびに、プレイヤーとしての自分にサジェスチョンを与えてくれます。

# #18

## 永田裕幸

NAGATA HIROYUKI

### パラの手業師

相手の持つボールをしつこく突っつくディフェンス「ポーク」で、攻撃のリズムを崩し、スティールをねらう日本が誇るディフェンス職人。一発で一気に試合の流れを変えるビッグプレイは、永田の手業から生まれる。手業をどこで鍛えたかについては秘密特訓として、本人も詳細を語らない。

**生年月日** 1984.6.25
**クラス** 2.0 **ポジション** SG
**所属チーム** 埼玉ライオンズ

永田の「ポーク」からのスティールはチーム全体のディフェンス意識を高めてくれました。

**オレたちの[リアル]**

## 今でも鮮明に覚えてる高橋と同じ感覚!!

[リアル]はホントにリアルですよ。脊髄損傷になった高橋が初めて風呂に入って「お湯の熱さがねえ!!」ってところとか、寝ているときでも膝が立っている感覚とかオレもそのまんま同じ。今でも鮮明に覚えていますから。好きなキャラクターはオレと同じ脊損の水島亮。最初は障害を受け入れられずふてくされていた亮が、車イスバスケをするようになってどんどん変わっていきますよね。技術はなくても、声を出したり走ったり自分にできる何かをチームに差し出すことで存在感や信頼を作っていく、そんな亮の姿が好きです。これから亮や高橋が成長してくるとローポインターが活躍する場面が増えそうですね。ピック&ロールとかレイトクロス・シールプレイとかローポインターの魅力を伝えてもらえたら嬉しいです！

# #24

# 村上直広

MURAKAMI NAOHIRO

## 野生の証明

アンダー世代の代表でチームの中心を務めてきた「関西の最終兵器」。ボールキープ能力や得点力も高い、万能型プレイヤー。リオで初めてパラリンピックを経験した。リオの期間中に選手村で野生のカピバラが出たというニュースがあったが、一部では村上ではないかと疑われた。リオ後はケルンでドイツリーグへ挑戦中。

**生年月日** 1994.2.17
**クラス** 4.0 **ポジション** CF
**所属チーム** 伊丹スーパーフェニックス

自分のプレイに自信を持っているそのハートが魅力。大きな可能性を秘めた若手です。

### オレたちの[リアル]

## 自分もJキャンプで変わった!

自分が一番好きなのは、戸川がAキャンプに参加する12巻。スピードについてこれないチームメイトに苛立ちチームから孤立した戸川が、自分からみんなに「変わりたい」と素直に心の中をさらけ出して、チームがひとつにまとまっていくところです。今思えば、自分も最初の頃は協調性がない選手でしたね。Aキャンプのモデルになっている Jキャンプに参加したときも、練習内容が基礎中心だったので最初は「なんや、レベル低いな…」って感じやったんです。でも、初めて顔を合わせた仲間とチームを組んで、キャンプの中で一緒に成長していくという経験は大きな財産になりました。Jキャンプ参加は自分のバスケ人生においての大きな転機になったと思います。「ベストキャンパー賞」もらって、ヤンジャンにも載せてもらえましたしね(笑)。

# #31

# 石川文則

ISHIKAWA TAKENORI

## オールドルーキー

リオの大会期間中に誕生日を迎え、41歳になったベテラン。独特の車イス操作で小さいスペースに飛び込む動きから積極的にシュートも打ち、ビッグプレイにつなげる。ユニット1に起用され、シンペーバスケを積極的に吸収してプレイヤーとして大きく成長した。虎党で掛布ファン。

**生年月日** 1975.9.11
**クラス** 1.5 **ポジション** G
**所属チーム** パラ神奈川SC

タイプの違う藤井と石川の使い分けが大きな効果。明るいキャラでチームを陰で支えた。

**オレたちの[リアル]**

## 自分の甘さを教えてくれた原コーチ

自分のバスケへの取り組み方を振り返って、まだまだ甘いな…と感じさせてくれたのは、タイガースの原コーチです。原コーチが亮に向かって「一流になれるか二流で終わるかは自分の取り組み次第」と言って、亮が一流になりたいと答えるところ。原コーチの言葉で自分もバスケに対する姿勢を見直して、一流を目指す取り組みをしようと考えたんです。リオの代表に入るきっかけになったシーンかな。[リアル]に新しい登場人物が出てくるたびに、「誰に似てるかな?」と気になります。ナガノミツルなんてちょっと雰囲気が似たヤツがうちのチームにいるので、すごく親近感がありますね(笑)。シンペーJAPANは先天性の障害の選手も多いので、ぜひ先天性のキャラの登場もお願いします。

# #55

# 香西宏昭

KOZAI HIROAKI

## フェノメナール・ワン

高校生で日本選手権MVPを獲得し、Jキャンプ受講をきっかけにアメリカ・イリノイ大学では名コーチ、マイク・フログリーの指導を受け、全米大学MVPも獲得。Jキャンプ&シンペーバスケの申し子的プレイヤー。プロとしてドイツリーグ・ハンブルクに渡り、今年は4シーズン目。

**生年月日** 1988.7.14
**クラス** 3.5 **ポジション** SF
**所属チーム** NO EXCUSE

まだ成長できる、まだ覚醒し切ってない。もっと上にいける選手。期待して注目してください!

### オレたちの[リアル]

## 井上先生、またキャンプでバスケやりましょう!

Aキャンプが描かれている12巻は最高ですね。僕が参加させてもらっているJキャンプにそっくり。食事の様子や背景として描かれている体育館の壁際に置かれているものまで、ひとコマひとコマがJキャンプそのまんまの雰囲気です。そういえば井上先生も受講生で参加してみんなと一緒に車イスバスケやってたな〜って(笑)。キャンプに参加する中で協調性や周りの選手とうまくやっていくことを学んでいった戸川の姿は、まさにJキャンプ、いやAキャンプならではですね。[リアル]を読んで車イスバスケに興味を持って、試合を見にきましたってよく言われるんです。僕たちのやっている車イスバスケが、[リアル]を通して多くの人に届けられている…もう感謝しかありません。ありがとうございます!

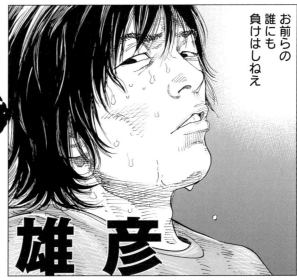

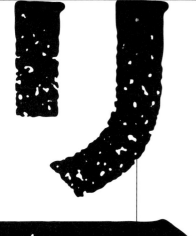

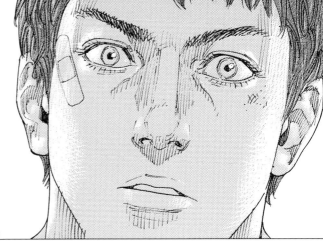

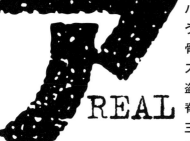

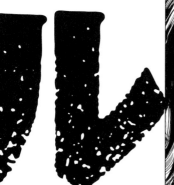

# リアル×リオパラリンピック
## ～井上雄彦、熱狂のリオへ～

取材・文・イラストレーション
**井上雄彦**

PRODUCED

構成・取材・撮影・文
**市川光治**
（光スタジオ）

撮影・取材・文
**名古桂士**
**浅原満明**
（X-1）

デザイン
**小林満**
**堀井菜々子**
**工藤亜希**
**黒川智美**
（GENI A LÒIDE）

編集
**板谷智崇**
（週刊ヤングジャンプ）

撮影
**細野晋司**

SPECIAL THANKS
宇喜多紀恵（TENT）／齋藤貴子
Drik Sada／JWBF／アルバルク東京
NPO法人 Jキャンプ／I.T.Planning
シンペーJAPAN選手、スタッフの皆さん

（順不同）

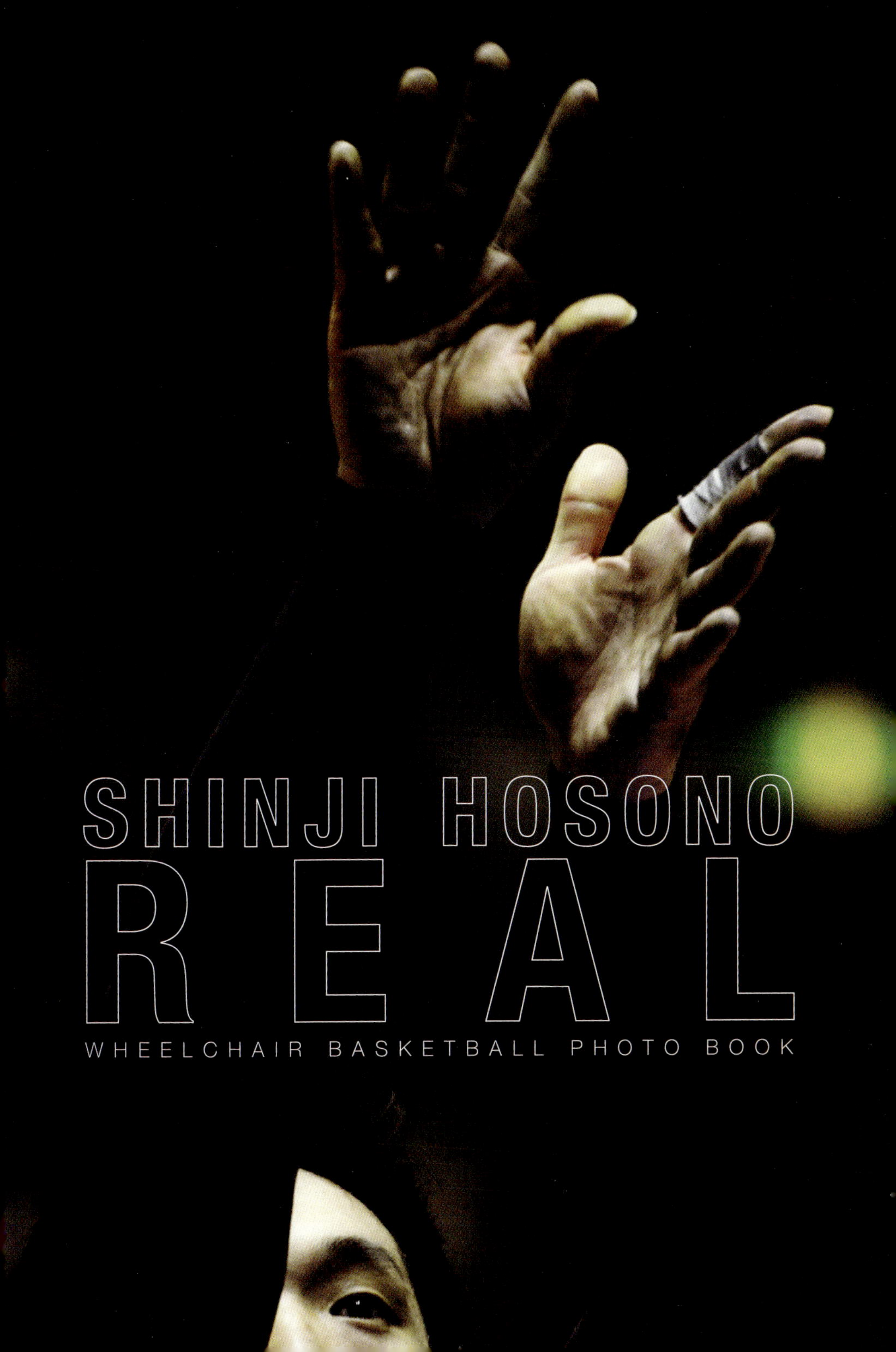

# SHINJI HOSONO
# REAL
WHEELCHAIR BASKETBALL PHOTO BOOK

12

FIBA
APPROVED
GG7X

JAPAN

molten
JPN

12
JAPAN

5
10
JAPAN
SUNTORY
AUSTRALIA
9

2
11
molten

Korea
Korea
4
PHOENIX

IWBF
4
JAPAN

あいおいニッセイ同和損保
INSURANCE GROUP
9
9
MITSUBISHI
ELECTRIC

# リアル×リオパラリンピック
## ～井上《いのうえ》雄彦《たけひこ》、熱狂《ねっきょう》のリオへ～


2016年12月31日　第1刷発行

[ チ ー ム リ ア ル ・ 編 ]

編　　集　市川光治(光 STUDIO)
装　　丁　小林満(GENI A LÒIDE)
編 集 人　嶋智之
発 行 人　田中純
発 行 所　株式会社 集英社
〒101-8050 東京都千代田区一ツ橋2-5-10
電話：編集部 03-3230-6222
読者係 03-3230-6080
販売部 03-3230-6393(書店専用)

製 版 所　株式会社 昭和ブライト
印刷・製本　図書印刷株式会社



ISBN978-4-08-780806-3　C0075